Luisa Francia

Beschützt, bewahrt, geborgen

Wie magischer Schutz wirklich funktioniert

Ullstein

Besuchen Sie uns im Internet:
www.ullstein-taschenbuch.de

Allegria im Ullstein Taschenbuch
Herausgegeben von Michael Görden

Dieses Taschenbuch wurde auf FSC-zertifiziertem Papier gedruckt.
FSC (Forest Stewardship Council) ist eine nichtstaatliche, gemeinnützige
Organisation, die sich für eine ökologische und sozialverantwortliche
Nutzung der Wälder unserer Erde einsetzt.

Ullstein Taschenbuch ist ein Verlag
der Ullstein Buchverlage GmbH, Berlin.
Neuausgabe im Ullstein Taschenbuch
1. Auflage Februar 2010
2. Auflage 2010
© 2010 by Ullstein Buchverlage GmbH, Berlin
© der Originalausgabe 2007 by nymphenburger
in der F. A. Herbig Verlagsbuchhandlung GmbH, München
Umschlaggestaltung: FranklDesign, München
Titelabbildung: istockphoto
Satz: C. Schaber Datentechnik, Wels
Gesetzt aus der Sabon
Papier: Pamo Super von Arctic Paper Mochenwangen GmbH
Druck und Bindearbeiten: GGP Media GmbH, Pößneck
Printed in Germany
ISBN 978-3-548-74454-4

Schutzzauber

Eins, zwei, drei,
du bist frei,
frei bist du noch lange nicht,
zeig mir erst dein Nacht-Gesicht,
nimm die Maske von der Haut,
dass das wilde Auge schaut,
zeige deine eigne Kraft,
die, genährt vom Lebenssaft,
frei durch deine Adern fließt,
aus dem Munde sich ergießt,
frech zu Worten schnell gefasst,
wie's in keinen Duden passt,
lache deinen Spielraum frei,
Widerstand ist einerlei,
wohlig gleite nun ins Träumen,
gut geschützt von Steinen, Bäumen,
Blüten, Elementen, Tieren,
gut geprüft auf Herz und Nieren,
halte deinen Spruch bereit,
dann bist du gewiss gefeit,
eins, zwei, drei,
du bist frei.

Inhalt

Teil 1
Gefahr, Bedrohung, Schutz

Schichten der Wirklichkeit	11
Ausatmen!	14
Von außen – von innen	19
Lachen – der Weg der Macht	30
Verweigerung	37
Das schleichende Gift	44
Zu nah – zu distanziert	53
Der schiefe siebte Himmel	58
Spielerisch die Welt verändern	69
Aus dem Tagebuch einer Fee	75
Im Albtraum verglüht	82
Kraftquellen	92
Die dunkle Seite des Mondes	103
Der widerspenstigen Heilung	111
Ich war's nicht	118
Therapie – aber wie?	123
Die Seele rauben	131

Teil 2
Übungen, Substanzen und gelebte Schutzmagie

Körperlicher Schutz 139
Magischer Schutz und
schamanische Traditionen 145
Schutzritual 153
Schutzengel, Helferwesen 160
Die eigenen Dämonen besänftigen 167
Amulette und Talismane 172
Schwelle, Tür, Übergang 184
Schützende Substanzen 192
Spirituelle Erste Hilfe 198
Der Sog 202
Abwehrzauber 205
Anrufung 206

Teil 1
Gefahr, Bedrohung Schutz

Schichten der Wirklichkeit

Ich schwamm an einem heißen Tag in meinem kleinen Lieblingssee etwas außerhalb von München. Das Moorwasser war noch nicht zu warm und es war ein wirklicher Genuss, durch das Wasser zu gleiten. Da sah ich sie: Eine kleine Spinne kämpfte weit entfernt vom Ufer um ihr Leben. Verdammt, dachte ich, die muss ich jetzt retten. Schaffe ich das, mit einem Arm zu schwimmen und die Spinne mit der anderen Hand über Wasser zu halten? Ich schob den Handrücken unter die Spinne und hob ihn hoch übers Wasser. Die Spinne begriff, dass sie für den Augenblick gerettet war. Das Wasser floss von der Hand ab und sie bekam wieder Luft, fing an, sich zu bewegen und ihre Lebensgeister zu wecken. Doch kaum war sie einigermaßen trocken, lief sie auf meinen Fingern auf und ab, suchte einen Ausweg. Wie vermittelt man einer Kreatur in Todesnot, dass sie stillhalten und warten soll? Dass Aktivität nicht immer lebensrettend ist? Während sie lief und strampelte und ich, verzweifelt schwimmend, die Hand mal hierhin und dorthin drehte und hob, um zu verhindern, dass die Spinne wieder ins Wasser fiel, hatte ich einen Augenblick tiefer Erkenntnis:

Sie machte das, was wohl alle Menschen tun, die in Todesnot geraten; anstatt ruhig und besonnen die Lage zu analysieren, geriet sie in panischen Aktionismus und glaubte, durch Bewegung ihrer Rettung näher zu kommen. Woher sollte sie auch wissen, dass ich bereits entschlossen war, alles für ihre Rettung zu tun, und zudem mehr Möglichkeiten hatte als sie selbst, diese Rettung zu bewirken?

Gehen wir einmal von der Annahme aus, die magische Regel »Wie im Großen, so im Kleinen« treffe zu. Der Mikrokosmos spiegle also den Makrokosmos wider und alles, was sich, zum Beispiel, im Körper abspielt, spielte sich auch im Großen auf der Welt, ja im Universum ab. So wie wir »Krankheiten bekämpfen«, bekämpfen wir also auch andere Menschen oder Wesen; so wie wir Verbindungen, Bündnisse schaffen, indem wir auch die kleinsten Lebewesen schützen und gernhaben, entstehen auch Bündnisse mit den Energien des Universums. Schamanische Traditionen basieren auf diesen Bündnissen und Erkenntnissen.

Um den Weg einer Seele zu ergründen, muss ich Verbindungen zu anderen Wesen aufnehmen, die mehr wissen als ich, die größere Zusammenhänge verstehen oder die in einer bestimmten Situation mehr zu Hause sind als ich. Um mich zu schützen, muss ich Kontakt zu meinen Helferwesen aufnehmen und wahrnehmen, dass sie mich tatsächlich schützen. Das hat mit Heiterkeit, mit Urvertrauen, mit der Erkenntnis der Verbundenheit, aber auch mit wacher Wahrnehmung zu tun: Was ist hier eigentlich los?

Um zu meiner Begegnung mit der Spinne zurückzukehren: Trotz ihrer hektischen Bemühungen, wieder ins Wasser zu stürzen, weil sie auf meiner Hand nicht weiter-, nicht fortkam, gelang es mir, meine Hand so lange um und um zu drehen und hin und her zu heben, bis ich das Ufer erreicht hatte. Ich setzte die Spinne auf einem Busch – weit entfernt vom Wasser – ab und ruhte mich aus. Die Spinne lief sofort ihren Tagesgeschäften nach. Ich schüttelte den Kopf und lachte.

Nachts träumte ich, dass eine Spinne auf meiner Hand saß. Ich wollte sie abschütteln. Sie sagte: Ich bringe dir bei, wie man gute Netze webt, in denen sich gute Nahrung fängt.

Und das tut sie. In allen Schichten der Wirklichkeit.

Ausatmen!

Ich war nach Paris gefahren, um in einem Tanzstudio afrikanischen Tanz zu lernen. Die Choreografie war kompliziert. »Atmen!«, rief der Tanzlehrer plötzlich. »Wie sollen die Muskeln arbeiten, wenn sie keine Luft bekommen?« Wir lachten und merkten in diesem Augenblick, dass wir vor Konzentration und Anspannung die Luft angehalten hatten.
Manche Kinder halten, wenn sie sich wehgetan haben, die Luft an und werden blau im Gesicht. Der Atem kann den Körper nicht wieder verlassen. Gefangen im Einatem, unfähig, zu handeln, unfähig, die Anlegestellen im Hirn freizuschreien und die Angsthormone zu vertreiben, um wieder einen freien Fluss der Impulse möglich zu machen, bleibt der Schreck, der Schmerz, die Angst im Körper stecken. Ausatmen!
Viele esoterische Mythen ranken sich um das Loslassen. Du musst einfach loslassen! Dann lösen sich alle deine Probleme von allein. Dann bist du geschützt, weil ganz entspannt und locker. Schön gesagt. Leider ist es nicht so einfach.
Wenn du wirklich ganz loslässt, verlassen sofort Flüssigkeiten und andere Substanzen deinen Körper. Es geht

unmöglich, sich ganz auf den Ausatem zu konzentrieren und gleichzeitig das Sorgenkarussell zu drehen. Wer den Atem aus dem Körper hinausbegleitet, begleitet auch die sich ständig wiederholenden Gedankenendlosschleifen hinaus.

In einer Gefahrensituation bedeutet Ausatmen buchstäblich Spielraum gewinnen, wer ausatmet, kommt bei sich an. Der Körper holt sich den Einatem und los geht's. Interessanterweise gilt bei uns hörbarer Ausatem als Kampfansage. Bist du genervt? Physiologisch bewirkt das bewusste starke Ausatmen eine Lösung der Starre, das Auflösen der Angstchemie im Hirn. Wer in einer Gefahrensituation nicht ausatmen kann, kann auch nicht mehr richtig einatmen. Der Atem wird flach und versorgt den Körper nicht mehr, er wird kraftlos. Das Hirn wird unterversorgt – Ende der Bewegungsfreiheit. Ausatmen!

Das Ausatmen ist die Ouvertüre zur Freiheit, es wirft Ballast ab und kommt zum Kern der Sache – zum Einatem. Denn natürlich ist das Wichtigste beim Loslassen, dass es die Anlegestellen frei macht für Neues. Das haben viele entweder vergessen oder sie wollen sich gar nicht wirklich damit beschäftigen, vielleicht weil sie selbst so viel festhalten und wissen, dass sie eigentlich Blödsinn reden. Es geht nicht darum, sich von allem zu lösen. Wir leben in einem Körper und der hat Bedürfnisse. Wir brauchen die schönen Dinge des Lebens, um die hässlichen zu ertragen. Bescheidenheit, Loslassen und von Energie allein leben wird ohnehin immer den

Menschen empfohlen, die wenig Privilegien haben und am unteren Rand des Einkommens ums Überleben kämpfen. Spartanisch leben, die Schönheit des Spärlichen dagegen ist ein Privileg von Menschen, die entweder reich genug sind, um sich das Wenige, Schöne zu leisten, oder zumindest doch abgesichert. Die Ästhetik der Kargheit wächst aus der Sicherheit der Fülle (also des Geldes in diesem Fall). Wo die Not des Mangels herrscht, wird die Schönheit des Minimalistischen meist so nicht empfunden. Um loszulassen, muss man etwas gehabt und genossen haben. Erst die empfundene Fülle erzeugt Souveränität. Wer Mangel leidet, muss diesen Mangel beheben.

Ausatmen und damit loslassen, was gehen soll, hilft, bei sich selbst anzukommen und sich für sich selbst zu entscheiden. Ausatmen und die eigene Stimme hörbar machen. Ausatmen und Kraft sammeln. Das ist ein guter Anfang auf dem Weg zur eigenen Befreiung. Ausatmen! Alles andere kommt von allein.

Einatmen!

Von außen – von innen

Die Tochter sollte das Haus verlassen und heiraten. Sie hatte eine weite Reise vor sich. Die Mutter gab ihrer Tochter ein Tüchlein mit drei Blutstropfen. »Das soll dich schützen«, sagte sie. Wir wissen, wie das Märchen weiterging: An einem Bach griff die Magd nach dem Tüchlein, das herausgefallen war, als die junge Frau sich zum Wasser hinunterbeugte, um zu trinken – und übernahm die Macht.
Ein Tüchlein mit den mächtigen Blutstropfen der Mutter mag ein schöner Einfall sein. Doch besser wäre es gewesen, das Mädchen in ein paar Kampftechniken zu unterweisen und eine Begleitung zu suchen, auf die man sich verlassen kann. Diese Situation des Märchens »Die Gänsemagd« entwirft gleich mehrere entscheidende Szenarien, die den Schutz betreffen:
Die Ausgangssituation: Einige Personen sind privilegiert, die Frau, die später zum Problem wird, also die Magd, muss dienen, ist arm, sehnt sich nach Macht und Kontrolle über ihr Leben und, weil sie gelitten hat, auch über andere Leben. Die gefährlichsten AngreiferInnen sind Menschen, die genug gelitten haben. Sie haben nichts zu

verlieren, sind zu allem entschlossen und schrecken vor nichts mehr zurück.

Die junge Frau, die Schutz braucht, ist auf die Härte des wirklichen Lebens nicht vorbereitet. Sie glaubt, Privileg, Gewohnheit, Macht sind unabhängige Größen, die überall anerkannt werden. Sie hat nicht gelernt, eine Situation einzuschätzen, den Schmerz anderer Menschen wahrzunehmen, Mitgefühl zu entwickeln, sich für plötzliche unberechenbare Strömungen zu öffnen.

Die Mutter greift zu einer magischen Technik, um ihre Tochter zu schützen. Diese Technik funktioniert, solange die Tochter das Tüchlein mit den Blutstropfen am Körper hat. Vielleicht funktioniert sie, weil es eine Absprache gibt, dass Magie funktioniert, vielleicht, weil die Tochter sich sicher fühlt und dadurch nicht so leicht angegriffen werden kann, vielleicht auch, weil tatsächlich eine Macht von diesen Tropfen ausgeht. Das Interessante an dieser Situation ist, dass sie sich, obwohl sie irgendwo in einer märchenhaften Zeit spielt, auch auf hier und jetzt anwenden lässt. Wer eine Waffe, welche auch immer, bei sich hat und sie nicht zu nutzen weiß, kann diese Waffe verlieren und sie kann gegen die Person angewendet werden, die sie eigentlich schützen soll. Das Messer, das den Angreifer vertreiben sollte, verletzt am Ende das Opfer. Der Spray, der den Schutz garantieren soll, macht die Person, die sich schützen wollte, wehrlos, wenn er in die falschen Hände fällt. Die Erfahrung zeigt, dass es fast unmöglich ist, bei einem überraschenden Angriff eine Waffe einzusetzen. Schon weil die

meisten Frauen und sicher auch viele Männer gar nicht kaltblütig und brutal genug sind, um eine Waffe zu benutzen. Es geht offensichtlich um etwas anderes: nämlich darum, eine innere Haltung zum Angriff aufzubauen, vorbereitet zu sein. Doch das würde bedeuten, dass man wagt, etwas auszusprechen, was – unglaublich genug – von dem Polizisten ausgesprochen wurde, der die Schulwegsberatung der Erstklässler in der Grundschule meiner Tochter durchführte. Er sagte: »Jeder Mann hat als Angreifer zu gelten. Wenn ihr euch verlaufen habt, unsicher seid, Hilfe braucht, wendet euch an eine ältere Dame oder an die Verkäuferin in einem Laden.« Da mag so mancher Mann vielleicht beleidigt sein, aber es ist an den Männern, klarzumachen, dass es einen Unterschied zwischen liebevollen, aufmerksamen, mitfühlenden Männern und Gewalttätern gibt. Sie selbst müssen diesen Unterschied herausarbeiten und sich von Gewalttätern distanzieren, auch indem sie sich anders verhalten und nicht beleidigt sind, wenn sie nicht gleich gelobt werden.
Selbstverteidigung basiert nicht auf einem virtuosen Gebrauch von Waffen. Jede Art des Schutzes beginnt mit der inneren Haltung. Schutz kommt von innen, nicht von außen, von der Entschlossenheit der Person, die sich schützen will, die geschützt werden soll, von der inneren Wachsamkeit. So wie die junge Königstochter im Märchen auf dem Weg zu ihrer Hochzeit überfallen und entmachtet wird, so werden auch Menschen im realen Leben auf dem Weg zur Arbeit, zur Schule, nach Hause

angegriffen. Niemand kann immer beschützt werden. Das ist das Thema vieler Märchen und auch das Thema aller Krimis. Und es scheint ein Thema zu sein, das uns fasziniert, beschäftigt, gruselt, anregt.

Im »Dornröschen« beschützen die Eltern die Tochter bis zu ihrem fünfzehnten Lebensjahr. Doch nach fünfzehn Jahren lässt die Aufmerksamkeit nach, wer weiß, ob diese Fee überhaupt jemals existiert hat. Und da geschieht es – weil es geschehen muss. Die Prinzessin und mit ihr der gesamte Hofstaat fällt in einen hundertjährigen Schlaf, als die Prinzessin sich an einer Spindel sticht. Es ist die Herausforderung der Welt an die Person, die initiiert werden muss, die ganz bei sich ankommen muss. Es gibt keinen Schutz vor der Initiation in die eigene Kraft.

Die zwei Märchenbeispiele zeigen genau wie die Kriminalstatistik: Niemand kann auf die Dauer beschützt werden. Da wir auch wissen, dass Täter Opfer bevorzugen, die sich nicht zu helfen wissen, die Angstpheromone ausstrahlen, die den Tätern signalisieren, dass sie sich nicht wehren können, ist klar, dass Schutz in jeder Person von innen aufgebaut werden muss. Jeder Schutz von außen hat Lücken, wird irgendwann versagen. Eine starke Schicht, von außen aufgetragen, wird irgendwann abblättern. Eine starke Energie, die mit einer Quelle verbunden ist, verschafft sich Raum, strahlt Kraft aus.

Wenn wir uns das Ende des Märchens »Die Gänsemagd« noch einmal ansehen, wird klar, was dieses Mädchen am Ende rettet. Sie baut innerlich Widerstand gegen ihre Situation auf, sie flicht ihre Haare und zeigt damit, wo sie wirklich herkommt. Sie spricht ihre Situation aus. Sie gibt sich also nicht zufrieden, wartet nicht auf Gerechtigkeit von außen, auf eine Therapie, auf jemanden, der oder die ihr vielleicht helfen kann. Sie selbst leitet ihre Rettung ein.

Nach einer langen Zeit der Gefangenschaft, der Qual führt nur die eigene Lebensenergie, der Funke des Widerstands zur Rettung.

Der mächtigste Schutz ist der Impuls, der von innen nach außen geht. Energie, die sich verwirklichen will, verschafft sich Raum und Kontrolle über die Situation. Das ist eine unbequeme Wahrheit, die vor allem Eltern schlecht aushalten. Ein Kind, das die eigene Energie lebt, ist unbequem, anstrengend. Es weist die Eltern auf ihre Lügen, auf ihre Unsicherheiten hin. Die meisten Eltern wollen irgendwann ihre Ruhe und finden Möglichkeiten, die Kraft ihrer Kinder zu kontrollieren. Eine Kraft, die im Keim beschnitten und erstickt wurde, kann jedoch nicht mehr zum Schutz des Kindes dienen. Wenn das Kind die Kontrolle von außen angenommen hat und erwartet, dass nun auch der Schutz von außen kommt, ist es nicht mehr in der Lage, eigenständig zu entscheiden und zu handeln. Wenn ich einem Kind jahrelang eingeimpft habe, dass es höflich sein soll, schön die Hand geben und dem Onkel einen Kuss schenken soll, kann ich nicht erwarten, dass der Urinstinkt, der vor Übergriffen warnt, noch funktioniert. Wenn ein Kind Erwach-

sene respektieren muss, ungeachtet, ob diese Erwachsenen überhaupt Respekt verdienen, kann sich kein gesundes Misstrauen entwickeln. Wenn ich die Urteilsfähigkeit eines Kindes durch Befehle ersetzt habe, die ausgeführt werden müssen, weil sonst die »Liebe« entzogen wird, kann dieses Kind nicht mehr auf Gefahren reagieren. Wenn es jetzt nicht geschützt wird, hat es ein Problem. Die Familie, die vertraute Gruppe von Menschen gilt zunächst als Garantie für die Sicherheit eines Kindes. Da sich allerdings herausgestellt hat, dass die meisten Gewalttaten im weiten Kreis der Familie begangen werden, müsste eigentlich jedes Kind vor der potenziellen Gewalt in der Familie geschützt werden.
Als ich ein Kind war, brachte mir die türkische Freundin meiner Mutter bei, wie man sich vor einem Angriff schützt: Man steckt den Hausschlüssel zwischen Zeige- und Mittelfinger, so kann man schnell einmal zuschlagen, falls man angegriffen wird. Als Kind fand ich diese Methode brutal und konnte kaum glauben, dass die hübsche, freundliche Ülkü so brachiale Techniken nicht nur kannte, sondern auch schon mal anwandte. Allerdings beeindruckte es mich, dass sie keine sexuelle Gewalt erleiden musste, und das war ja immerhin ein Thema für mich, denn ich war hübsch, klein, zart und Ziel diverser männlicher lüsterner Attacken. Ülkü sagte: »Wehr dich. Das darfst du.« – Ach so, und ich hatte irgendwie gedacht, Erwachsene seien Respektspersonen und man müsse wenigstens so tun, als ob man sie achte. Nicht dass ich die Weltmeisterin im Gehorchen war.

Und schnell rennen konnte ich auch, was mich oft aus unangenehmen Situationen rettete.

Ich wollte von zu Hause fort und suchte mir mit sechzehn Jahren eine Stelle als Au-pair-Mädchen in England. Die Familie bezahlte mein Ticket und ein Pfund in der Woche. Die Fahrkarte zurück nach Hause bekam ich bezahlt, wenn ich ein Jahr durchhielt. Ich wurde schamlos ausgenutzt. Damals gab es kaum Regelungen für Au-pairs und niemand kontrollierte, wie die Familien mit ihren Mädchen umgingen. Ich putzte jeden Tag ein anderes Zimmer des großen Hauses, betreute fünf Kinder, kochte und Englisch lernte ich vom ältesten Sohn, der mich bis zum Cambridge-Proficiency-Examen trainierte, weil ich für die Schule keine Zeit hatte. Diese Zeit der Unterwerfung war mein Boden für zukünftigen Widerstand. Ab jetzt wehre ich mich, dachte ich.

Diesen Entschluss konnte ich gut gebrauchen, als ich wieder zu Hause war. In dem kleinen Ort, in dem wir lebten, griff mich eines Nachts ein Mann mit einem Messer an. Ich hörte erstaunt einen Schrei, der aus meinem Körper zu kommen schien, aber eher dem eines Raubtiers glich. Der Mann hörte ihn auch und rannte. Überall gingen die Fenster auf, ich war so wütend, dass ich hinter ihm herrannte, bis mich die Stimme meiner Mutter stoppte. Die Zeit des Kämpfens brach an.

Wahrscheinlich ist eine entspannte Offenheit und Gelassenheit ohne eine Phase der Entschlossenheit und des Kampfes nicht möglich. Wenn ich nicht gespürt habe, wie es sich anfühlt, Grenzen zu überschreiten, niemandem mehr einen Gefallen zu tun, es niemandem mehr recht zu machen und ganz in die eigene chaotische Energie zu gehen, kann friedliche, stille Freundlichkeit schnell in unterdrückte, angepasste Unterwerfung umschlagen. Vorsichtshalber lächeln, dann werde ich nicht angegriffen? Falsch, denn so gebe ich das Signal: Ich wage es nicht, die Zähne zu zeigen. Höflichkeit, das haben Gewaltforscher und Polizisten herausgefunden, ist ein großes Hindernis im Kampf ums eigene Leben. Anstatt sich mit höflichen Umgangsformen aufzuhalten und Harmlosigkeit auszustrahlen, müssen wir unsere Kraft bündeln, einen Entschluss fassen und diesen beherzt durchführen. Zögern, hilfloses Lachen, sinnloses Bitten und Flehen beschleunigt nur den Untergang, denn die hilflose Opferhaltung ist Teil des Jagderfolgs.

In dem Maß, wie meine Entschlossenheit wuchs, nahm offenbar meine Anziehungskraft für Männer ab. Du bist zu aggressiv, zieh dich doch mal ein bisschen hübscher an, so bist du einfach nicht reizvoll für einen Mann, hörte ich da manchmal. Aha, dachte ich. Ich muss mich zum Opfer stilisieren, dass Männer keine Angst vor mir haben. Solche Männer können allerdings gern massenhaft in sicherer Entfernung an mir vorbeisegeln. Es gibt ja zum Glück nicht nur hilflose, gestörte, jagdorientierte Männer. Den größten Teil meines Erwachsenenlebens verbrachte ich unter anderem damit, darüber nachzugrübeln, warum Männer auf hilflose Frauen abfahren und warum Modezeitschriften wie die »Vogue« hohlwangige, drogensüchtige Models als Rollenmodelle für

Frauen vorstellen. Mittlerweile bin ich mit der Perversion der weiblichen Konditionierung etwas vertrauter, ich könnte auch sagen: Ich bin abgebrühter – da kommt etwas von dem Schmerz und der Verletzung rüber, die das Abbrühen mit sich bringt.

Mag das Hirn auch geheime Dossiers wegsperren – der Körper reagiert. Du fühlst dich bedroht – schon wird die Stimme höher. Alte Wunden bringen sich durch Wucherung, durch Schmerz, durch ungeklärte Krankheiten, Migräne, Schwindel in Erinnerung.

Indem ich meinem Körper näherkam, ihn berührte, um mich zu erinnern, heilte ich alte Wunden. Als mich im ehemaligen Berliner Osten zwei beflaggte Jungs anmachen wollten, knurrte ich und rief: Fass, Adolf! Dann musste ich lachen und merkte, dass Lachen buchstäblich entwaffnet.

Meine Tochter war ein sehr eigenständiges, starkes Kind. Ich habe ihr das nicht weggenommen, gebe allerdings zu, dass es sehr anstrengend war, die »Trainingspartnerin« zu sein, jeder Schwindelei überführt zu werden und nie auf bequeme Lügen zurückgreifen zu können. Ich habe sie schon sehr früh angeregt, einen Selbstverteidigungskurs zu machen. Eine Woche lang lernten die Mädchen spielerisch, sich körperlich zu verteidigen, sprachen über ihr Leben, ihre Probleme, ihre Wünsche und Sehnsüchte und ihre Ängste. Es war gut für die Mädchen, das miteinander zu tun und zu üben. Es war auch gut, eine Trainerin zu haben, die auf all ihre Impulse eingehen konnte. Ich habe mir nie Sorgen um meine Tochter gemacht, weil ich wusste, ihre Kraft war ungebrochen und wenn sie Hilfe brauchte, würde sie es schon sagen, was sie auch tat. Niemals strahlte sie aus, dass sie ein bequemes Opfer sein könnte, und die Botschaft wurde verstanden. Wer Kinder wirklich schützen will, gibt ihnen diese Möglichkeit, ganz in ihrer Kraft zu sein, egal wie unbequem das für die Eltern dann sein mag.

Die Energie, die von innen nach außen kommt, ist ein starker Strom, der alles und alle mitreißt, der wärmt, begeistert, erschreckt. Ein Strom der Lebendigkeit, der alles erweckt, was er berührt. Wer diesen Strom von Energie weckt und aufsteigen lässt, denkt nicht an Selbstverteidigung noch an Gefahren. Die Lebensfreude, die Lust am Sein, die Kraft, diese Lust umzusetzen, sind so stark, dass jede Bedrohung schrumpft. Natürlich kann man trotzdem in eine gefährliche Situation geraten, doch dann sind alle Sinne wach, die Lebenskraft ist voll da, die Intuition lotet die Gefahr aus, die Erfahrung lehrt, was zu tun ist. Trotzdem kann der Körper verletzt werden, doch die Seele bleibt heiter und lebendig.

Das Gefühl, »ich bin etwas wert«, »ich darf mich verteidigen«, »mein Körper ist mein Tempel und den schütze ich«, »ich bin stark und mächtig«, fließt mit dem Blut in alle Zellen und erregt eine übermütige Freude am Sein.

Schutz von außen schafft eine Art Schicht, drückt von außen etwas auf, beengt den Raum. Wenn ich meinen Raum mit vielen Schlössern schütze, bin ich eingeschlossen. Wenn ich Schutzkleidung anlege, habe ich schwerer zu tragen und kann nicht mehr so gut atmen, mich nicht mehr frei bewegen. Wenn Personen mich schützen, muss ich mich ständig mit diesen Personen belasten, auseinandersetzen. Und wer weiß, ob sie nicht irgendwann zu meinen Angreifern werden, wie es ja in vielen Ehen und Partnerschaften tatsächlich der Fall ist, wo der Mann zuerst den Beschützer gibt und plötzlich zum Angreifer wird.

Schutz von innen ist der starke Strom der lebendigen Kraft. Auch wenn mir kein Hilfsmittel zur Verfügung steht – ich habe den Atem, meine Füße erden mich, mein Körper ist weich aufgerichtet, meine Gedanken fließen frei, ohne Beeinträchtigung von gesellschaftlichen Tabus oder Verboten. Ich fühle, ich schätze die Situation ein, nehme meine Intuition zu Hilfe, nehme Impulse wahr, die von außen kommen, ordne sie ein, vergleiche sie mit all meinen Erfahrungen. Weil ich nicht von aufgesetzten nutzlosen Regeln behindert bin, kann ich reagieren und mich schützen. Ich atme aus und nehme meinen Schutz in die eigenen Hände.

Lachen – der Weg der Macht

Wahr ist, dass einem das Lachen vergehen kann. Schlage ich am Morgen die Zeitung auf, dann erscheint mir das Weltgeschehen alles andere als witzig. Mit all diesen Inhalten auf dem Frühstückstisch fällt es mir nicht ganz leicht, die Schultern zu zucken und zu sagen: Wenn ich jetzt ausflippe und paranoid werde, ändert sich an der Weltlage gar nichts. Meistens umgehe ich diesen Konflikt, indem ich zum Frühstück keine Zeitung lese, weil ich morgens ungeschützt die Wucht von so viel Realität nicht ertrage, die gar nicht immer wahre Wirklichkeit ist. Gerade wurde ein Fotograf von Reuters entlassen, der dramatische Szenen im Libanon inszenierte, um seine Fotos besser verkaufen zu können. Ein Fotograf, mit dem ich einmal eine Reisegeschichte recherchierte, erzählte mir, dass die Presseleute in Sarajewo den Kämpfenden zuriefen: »Wartet noch, bis wir die Satellitenschüsseln aufgebaut haben.« Als dann alle Übertragungsmittel in Stellung waren, gaben die Journalisten ein Zeichen – und die Kämpfer fingen zu schießen an. Was ist ein Krieg ohne Bilder! Darüber soll man lachen können?

Über Israels kriegerische Aktivitäten im Libanon kursiert gerade dieser Witz: Im Radio wird durchgesagt, dass befürchtet wird, ein Selbstmordattentäter könne sich in Grenznähe befinden. Mehrere Bewohner eines Dorfs in Grenznähe schauen auf die heranrollenden Panzer und einer ruft: »Einer? Hunderte.«

Während der Zeit der Verfolgung und Ermordung der Juden erzählten sich Juden folgenden Witz: Ein Mann steht vor einem Kommandanten in Auschwitz. Der Kommandant ist gut gelaunt und sagt zu dem Mann: »Schau mich genau an. Ich habe ein Glasauge. Es ist sehr gut gemacht. Aber wenn du errätst, welches das Glasauge ist, lasse ich dich leben.« Der Mann zögert keinen Augenblick. »Das rechte ist das Glasauge«, sagt er. Der Kommandant ist verunsichert. »Wie hast du das so schnell erraten können?«, fragt er, denn er hatte sich bemüht, starr nach vorn zu schauen. Der Mann antwortet: »Es hat mich so menschlich angesehen!«

Der Witz der Unterdrückten erzeugt das befreiende Lachen, das zugleich immer dankbare Reaktion auf die sehr genaue Analyse der Unterdrückungssituation in knappen Worten ist.

Ein arabischer Herrscher ist dafür berüchtigt, dass er jeden Barbier köpfen lässt, der ihm beim Rasieren einen Schnitt zufügt. Kein Wunder, dass sich nach einiger Zeit kein Barbier mehr findet, der ihn rasieren will. Zwar lässt der Herrscher alle Barbiere suchen und zu seinem Hof schleppen, doch irgendwann sind alle Barbiere entweder tot oder geflohen. Eines Tages ereignet sich ein kleines

Wunder. Ein Barbier klopft an das Tor des Palasts. Er sagt, wer er ist. Großes Erstaunen. Einige Wachen warnen ihn, doch er geht unbekümmert zu den Gemächern des Herrschers, der eine Rasur dringend nötig hat und sehr schlecht gelaunt ist. Der Barbier wetzt sein Messer, schäumt die Seife auf und fängt mit seinem Geschäft an, während er fröhlich pfeift. Am Ende packt er seine Utensilien ein. »Ich verstehe nicht, wie du so entspannt sein kannst«, sagt der Herrscher. »Wusstest du nicht, dass ich dich geköpft hätte, wenn du mich geschnitten hättest?« – »Wenn ich dich geschnitten hätte, Herr«, sagte der Barbier, »hätte ich dir gleich die Kehle durchgeschnitten.«
Diese Haltung des Barbiers würde man sich manchmal wünschen, wenn überall gejammert und geklagt, gestöhnt und geächzt wird. Egal ob über die Energiepreise, den Lebensstandard, die Kriege, das Elend in Ehe und Familie.
Erstaunlich wenig Witze gibt es über die Unterdrückung von Frauen. Kann man daraus schließen, dass Frauen wenig Humor haben, was ihr eigenes Leid angeht?
Dem brutalen Satz eines Mannes in der S-Bahn: »Wenn sie nicht pariert, hau ich ihr ein paar aufs Maul!«, hatte eine Frau, die ich vor Jahren traf, schon etwas entgegenzusetzen. Sie sagte nämlich: »Ich hau schon zurück, bevor er herhaut.« Um sie musste ich mir keine weiteren Sorgen machen; in der Formulierung steckt genug Überlebenskraft, Witz und Schlagfertigkeit.
Manchmal scheint es so, als dürfe man über Frauen und ihre Opferbereitschaft nicht lachen, als sei es unsolida-

risch, das Elend der Frauen in Witzen zu zerlegen. So kenne ich auch leider mehr Witze, die die hämische Seite der Männer in diesem Konflikt unterstützen. Meine beste Freundin musste sich diesen saublöden Witz von ihrem damaligen Liebhaber anhören und lachte auch noch drüber: Ein Mann und seine Frau stehen vor einer Kuhweide. Die Frau seufzt: »Ich wollte, ich wäre eine Kuh.« Er sagt: »Ich wollte, du wärst keine.«
Frauen haben oft so wenig Selbstwertgefühl, dass sie noch lachen, wenn sie eigentlich endlich auf den Tisch hauen müssten. Und wenn sie eigentlich lachen müssten, weinen sie. Anstatt die lächerlichen Machtbestrebungen schwacher Männer mit Lachen zu demontieren, weinen und schluchzen sie und halten das Ganze auch noch für Liebe.
Liebe ist eine Verbindung zwischen Menschen, die einander auf gleicher Augenhöhe begegnen, die einander gewachsen sind. Die einander respektieren und kennenlernen wollen. Die einander in dem Wunsch umschleichen, die Essenz der anderen Person aufzuspüren und verstehen zu lernen. Das ist natürlich nicht der Alltag in Beziehungen. Vielleicht gibt es deshalb so wenig Witze, die Ehemänner zur Zielscheibe machen, und dafür umso mehr Witze, die Ehefrauen und Schwiegermütter verhöhnen.
Da die Hilflosigkeit von Männern oft mit Machtanspruch gekoppelt ist, haben Frauen eben oft nichts zu lachen. Doch anstatt sich zu überlegen, warum sie nichts zu lachen haben, üben sie sich im Weinen.

Auch die eigene Verletzlichkeit, das Verlieren der Normalität ist Gegenstand von Witzen aller Art. Einer beschreibt einen Mann mit einer Wahnvorstellung. Er denkt, er sei eine Maus. In psychiatrischer Behandlung lernt er, diese Vorstellung abzulegen und wieder ein Mann zu sein. Schließlich soll er entlassen werden. »Und«, fragt der Arzt, »wie fühlen Sie sich?« – »Gut«, sagt der Patient. »Glauben Sie, dass Sie eine Maus sind?«, fragt der Arzt. »Nein«, sagt der Patient. »Das habe ich jetzt begriffen, dass ich keine Maus bin.« – »Na, dann ist doch alles bestens«, sagt der Arzt zufrieden. »Ja, aber, Herr Doktor«, sagt der Patient. »Weiß das auch die Katze?«

Der Weg des Lachens ist ein radikaler, ein befreiender, ein explosiver. Nicht umsonst schlug Mary Daly vor, Frauen sollten – anstatt zu demonstrieren – vor den ungeliebten Machthabern zu Tausenden stehen und lachen. Ausgelacht werden ist schlimmer, als mit Parolen und faulen Eiern beworfen zu werden. Wer herzlich lachen kann, ist nicht mehr beherrschbar.

Lachen ist ein fantasievoller Weg, eine schamanische Einweihung in die höchste Kunst des Ausatmens. Lachen löst Verkrampfungen, heilt, erfreut, entzückt. Lachen – die Erleuchtung als Schnittstelle zwischen Körper und Geist. Lachen – die politisch unkorrekte, fröhliche, unbekümmerte Alternative zu langen ernsthaften Auseinandersetzungen. Wer lacht, ist nicht fassbar. Wer lacht, ist vollkommen geschützt und unbezwingbar im Augenblick des heftigen Lachanfalls.

Vielleicht auch deshalb erzeugt hemmungsloses langes Lachen anderer Ärger, ja Genervtheit? Wer lacht, schafft nicht nur den eigenen freien Raum, sondern greift auch den verkrampften Außenraum an. Dieses befreiende Lachen kommt dann doch öfter von Frauen als von Männern. Wenn Frauen sich nämlich endlich mal innerlich freimachen, können sie so lachen, wie kein Mann es kann: übermütig, hämisch, schadenfroh, selbstbewusst, fröhlich, begeistert, befreit. Nicht zufällig sind hemmungslos lachende Frauen meistens entweder sehr jung – also noch nicht gezähmt und vom Leben niedergedrückt, oder älter, also aus dem Joch ausgebrochen, verwitwet, befreit, dem Schönheits- und Beliebtheitszwang entkommen. Weniger hemmungslos lachen demnach Frauen mit Kindern, ernsthafte Ehefrauen, Frauen, die im genitalen Ernst ersticken. Sie lachen nicht, weil sie entweder nichts zu lachen haben oder ihre Männer nicht verunsichern wollen. Er könnte ja denken ... ja, was eigentlich! Eben.

Worüber jemand lacht und wie jemand zum Lachen kommt, ist individuell sehr verschieden, hängt auch vom Grad der Konditionierung, der Ängste, der erlebten Gewalt ab.

Der Weg zur magischen Kraft des Lachens führt über den Abstieg in die Unterwelt: Worüber könnte ich nie lachen? Es kann befreiend sein, gerade darüber einen mechanischen Lachreiz zu erzeugen. Wenn man lange genug hahaha macht, fängt man erstaunlicherweise tatsächlich zu lachen an. Lacht man also über eine Situa-

tion, die nicht komisch ist, stellen sich sofort Schuldgefühle, Selbstzensur, innere Verknotung ein. Lacht man trotzdem weiter, stellt sich ein solcher Übermut, eine Befreiung von allen inhaltlichen Einbindungen ein, dass buchstäblich der eigene Raum freigelacht wird.
Respektlos, rücksichtslos, befreiend.
Die Bande ums Herz zerspringen, wenn Lachen aufsteigt. Das Herz wird frei. Es gibt keinen mächtigeren Schutz und keine Essenz, die nachhaltiger auf die Lebensfähigkeit, auf die ungestüme, wilde Lebensenergie einwirkt.

Verweigerung

Wir saßen vor dem Zaun des Militärgebiets Greenham Common, wo die ersten Atomraketen gelagert wurden. Unser Ziel war gewaltloser Widerstand. Wir saßen auf der Zufahrtsstraße in einer dichten Reihe und bewegten uns auch auf entsprechende Aufforderung der Polizei nicht, also kamen die bis an die Zähne bewaffneten Beamten und trugen uns weg. Wir standen wieder auf, setzten uns wieder hin und wurden wieder weggetragen. Mit der Zeit begriffen die Polizisten, dass dieser Widerstand zwar gewaltfrei, aber durchaus provozierend war. Sie wurden grob, wir machten uns locker. Je elastischer man fällt, umso weniger Schmerzen hat man. Das ging eine Weile so und ich erinnerte mich, dass Verweigerung meine älteste Waffe gegen die Gemeinheit der Erwachsenen war. Erzwungene Nähe meines Vaters, verständnislose Distanz meiner Lehrer, die Überforderung meiner Großmutter provozierten bei mir nur eins – Verweigerung. Ich war, wie alle LehrerInnen betonten, begabt, faul, ohne jede Disziplin und mein Mittel, mich dieser, wie ich fand, lächerlichen Pädagogik zu entziehen, war die Verweigerung.

Die geschmeidige Wand der Verweigerung, die immer neu errichtet wird, in die Wissen und Spott, Verachtung und Schmerz so eng verwoben sind, dass keine Strafe sie durchdringt, ist der mächtige Widerstand der Machtlosen.

Immer wenn ich über faule und disziplinlose SchülerInnen lese, wenn die scheinbare Interesselosigkeit von Kindern an Bildung beklagt wird, denke ich an meine Schulzeit. Ich war bis unter die Hirnschale voll mit Ideen, Fantasien, Wissen, Beobachtungen, Erfahrungen. Die Schule bot mir keine Möglichkeit, damit irgendwie kreativ umzugehen. Der Lehrplan wurde durchgezogen, die Lehrer bissen die Zähne zusammen und träumten von der Pensionierung. Zwar waren wir Kinder noch nicht die Geiseln der Industrie (Kauf alles oder falle aus der Gemeinschaft!), doch die Körperverletzung, die der normale Schulunterricht darstellt, war möglicherweise noch schlimmer. ADHS, diese modische Krankheit, die das Aufmerksamkeitsdefizitsyndrom beschreibt oder »hyperaktive« Kinder, gab es noch nicht. Wer zu viel schwatzte und sich zu viel bewegte, bekam eins mit dem Tatzenstock übergezogen. Damals kümmerte man sich überhaupt noch nicht um die Tatsache, dass es für Kinder im Wachstum eine Qual ist, ständig sitzen zu müssen. Wir mussten sogar nachsitzen.

Dann kam eine Lehrerin, die aus dem gleichen Holz war wie ich. Ich sagte zu ihr: »Ich mache meine Mathehausaufgaben nicht mehr, mich langweilt das alles.« Da sagte sie: »Okay. Dein Problem. Wenn du die Mittlere Reife nicht schaffst, weil du zu feige bist, dich einer Herausforderung zu stellen, ist mir das egal.« Sie ließ mich in Ruhe, sie fragte mich nicht mehr aus, sie strafte mich nicht, weil ich die Hausaufgabe nicht gemacht hatte. Und obwohl sie mich einfach sein ließ, nahm sie mich doch wahr. Ich spürte ihre Neugier: Wie wird die das lösen? Zum ersten Mal ohne Druck und ständiges Ausfragen hörte ich genauer hin, überlegte mir Lösungsmöglichkeiten, passte auf wie nie, speicherte das Gelernte ab und hatte in der Prüfung eine Zwei. Indem die Mathelehrerin auf Distanz zu mir ging, ließ sie mir endlich Raum zum Atmen und Sein, damit auch zum Denken.

Verweigerung ist oft der einzige Schutz vor erzwungener Nähe, doch verändert sie auch die eigene Kraft, denn sie führt zu einer Trotzhaltung, zur automatischen Ablehnung von Reizthemen. Wie in einem Panikraum, der den Kontakt zur Außenwelt abtrennt und damit zwar eine erste Distanz, aber auch Isolation herstellt, bleibt der Geist in der Verweigerung zwar in sicherer Distanz, allerdings auch isoliert.

Verweigerung ist aufwendige Verteidigung, sie verbraucht viel Energie und droht, die lebendige Kraft zu ersticken. Sie führt in den chaotischen grenzenlosen spirituellen Raum des Nichtgeordneten, den SchamanInnen und MagierInnen betreten, um mit allen Wesen in Verbindung zu treten. Wer zu früh in diesen Raum gedrängt wird, in ihn einsinkt, ohne damit wirklich umgehen zu können, kann sich in all diesen Impulsen, in der Vielfalt der Möglichkeiten und Kräfte verlieren.

In der körperlichen Welt und in all den spirituellen Dimensionen ist es wichtig, Ja und Nein sagen und zu eigenen Entscheidungen stehen zu können. Wer rechtzeitig Nein sagt, kommt vielleicht gar nicht erst in die Bedrängnis, die ungeklärte Verhältnisse erzeugen.

Irgendwie ist die Evolution mit menschlichen Beziehungen schlampig umgegangen. Wir leben nach vorn, verstehen jedoch alles erst hinterher: Wenn wir eine Beziehung anfangen, haben wir keine Ahnung, in welche Zusammenhänge und Schwierigkeiten wir da kommen, und wenn wir eine Beziehung beenden, sind wir eigentlich reif genug, sie anzufangen.

Nein sagen, den eigenen Raum einnehmen und halten, ist keine einfache Sache. Deshalb hilft uns da auch kein Schuldgefühl weiter, sondern nur Übung. Denn Grenzen zu ziehen kostet Kraft. Oft sind diese Grenzen für andere Menschen überraschend. Sie hätten lieber eine grenzenlose Fläche, auf die sie beliebig projizieren und auftragen können. Doch fürs eigene Seelenheil ist es in der Gemeinschaft mit anderen Menschen lebenswichtig, die eigenen Grenzen wenigstens zu kennen, zu wissen, was zu viel, was zu übergriffig, was zu anstrengend, was abstoßend ist, und sich nicht zu einer anderen Meinung überreden zu lassen.

Dieses Recht des eigenen Raums, der eigenen Kraft, der eigenen Empfindung, das Recht der eigenen Meinung und der Freiheit der Bewegung ist ein Grundrecht in demokratischen Ländern. Die Rechtslage ist mittlerweile also nicht mehr das Problem, die Durchführung allerdings schon. Das Recht auf Unverletztheit des Körpers und der Seele ist in der Praxis geradezu revolutionär. Eine Frau, die darauf pocht, kann sicher sein, für eine radikale Feministin gehalten zu werden. Und doch wird alles einfach, wenn wir uns selbst spüren und ruhig und gelassen das eigene Empfinden, das eigene Recht durchsetzen. Je länger wir das tun, desto klarer und sicherer werden wir dabei.

Dass die Durchsetzung eigener Rechte nicht kampflos abläuft, kann man jeden Tag in der Zeitung lesen. Hier wird ein Biobauer von der Agrarmafia niedergemacht, dort kämpft eine Frau um ihren Hof, durch den eine Umgehungsstraße gebaut werden soll, hier wird eine Frau erstochen, weil sie den Mann verlassen will, dort wird ein Junge verprügelt, weil er beim Komasaufen nicht mitmachen will. Wer Grenzen setzt und Nein sagt, muss sich klar darüber sein, dass Grenzverletzungen und Grenzstreitigkeiten zu den häufigsten Kriegsgründen gehören. Doch lohnt sich die Mühe, die eigene Unverletztheit zu verteidigen, denn wehren kann ich mich sehr wohl gegen Angriffe von außen, doch nur sehr schwer gegen Menschen, gegen Kräfte, die ich selbst eingelassen habe.

Das Leben ist kompliziert und gefährlich, das heißt nicht, dass es nicht lebenswert ist, es heißt einfach, dass wir die Gefahren analysieren und uns zu ihnen verhalten müssen. Die Gefahren sind nicht in erster Linie die Elemente, die wilden Tiere, der Hunger – zumindest nicht in unseren Breiten.

- Wir brauchen Luft zum Atmen, Wasser, um nicht auszutrocknen;
- wir brauchen Nahrung, um nicht zu hungern;
- wir wollen uns vor der Kälte schützen und wärmen;
- wir suchen Geborgenheit bei den Menschen, mit denen wir leben;
- wir müssen Körper und Sinne vor Angriffen schützen;
- wir versuchen, unsere Seele vor Schaden zu bewahren.

Doch wie werden unsere Bedürfnisse befriedigt?
- Die Luft wird vergiftet, sodass die meisten Säuglinge schon mit Atemwegs- oder Hautkrankheiten geboren werden;
- das Wasser wird verschwendet und vergiftet;
- unsere Kinder leiden Mangelernährung durch Junkfood, haben Essstörungen oder Bewegungsmangel, sie haben Krankheiten, die früher nur ganz alte Leute hatten, wie Altersdiabetes, Osteoporose, Schlaganfall;
- die Mode lässt es, vor allem bei jungen Frauen, nicht zu, dass der Körper gewärmt und geschützt wird;
- die Familie ist nach der Kriminalstatistik die größte Gefahrenquelle für Leib, Leben und Seele;
- Körper und Sinne werden mit Lärm, Giften, Abgasen, Impulsüberflutung und Gewalt angegriffen;
- die Seele wird mit Darstellungen von Sex und Gewalt, mit psychischem Druck traktiert.

Der Schutz beginnt mit der genauen Betrachtung der eigenen Situation:

- Wie kann die eigene Intuition wieder gestärkt werden?
- Wie können Gefahren und Angriffe schon auf der spirituellen Ebene erkannt und entschärft werden?
- Welche Gefahren lassen wir selbst ein?
- Wie gehen die verschiedenen magischen und spirituellen Traditionen mit dem Thema Schutz um?

Eines Nachts wachte ich auf und hatte drei Sätze im Kopf, die ich sofort aufschrieb:
- Ich bin zu allem fähig.
- Mein Urvertrauen besteht darin, allen alles zuzutrauen und gelassen abzuwarten.
- Vollkommene Glückseligkeit ist das Ergebnis geklärter Verhältnisse.

Diese drei Sätze begleiteten mich nun durch Horrormeldungen, durch Kriegsberichte, Ölpest im Libanon, Selbstmordattentate, Kindstötungen, Frauenmorde ... Ich gleite durch alle Ebenen der Wirklichkeit, nehme alle Impulse auf und betrachte die Welt, wie sie sich mir darstellt.

Die Lage ist hoffnungslos – damit wird beschrieben, dass Hoffnung einfach nicht gut genug ist, wenn es um Lebenskraft, um den inneren Funken, Lebensfreude, Begeisterung geht. Hoffnung reicht nicht, es braucht mehr. Es braucht Entschlossenheit.

Es gibt keine Sicherheit, keinen totalen Schutz, doch es gibt immer die Möglichkeit, diese Kraft zu finden, zu wecken, zu trainieren und hellwach ganz da zu sein.

Das schleichende Gift

Ein junger Mann ging bei einem Meister in die Lehre. Er gab sich alle Mühe, lernte fleißig und wollte seiner Familie bald helfend unter die Arme greifen. Doch egal, wie er sich anstrengte, der Meister war nie zufrieden. Jede Arbeit, die er ihm zeigte, machte der Meister schlecht, ja zerstörte sie. Der junge Mann verlor fast all seinen Mut. Gegen die Angriffe nicht nur seines Meisters, sondern auch gegen die tätlichen Angriffe von Verwandten setzte er sich schließlich mit Gewalt zur Wehr. Bis hier könnte das auch eine Geschichte aus dem Polizeibericht sein, doch bei dem jungen Mann, einem der ersten bekannten Mobbingopfer der Geschichte, handelt es sich um den tibetischen Mystiker Milarepa. Er lernte etwas aus den Ereignissen und begnügte sich nicht damit, die Ungerechtigkeit des Schicksals zu beklagen, auch nicht damit, Betrug und Verrat mit Mord zu sühnen, sondern er ging einen Schritt weiter: Er verstand, dass es nicht nur darum geht, eine Art irdischer Gerechtigkeit zu erreichen, sondern zu begreifen, dass alles, was geschieht, auch mit der Person zu tun hat, der es geschieht. Er zog sich zurück und sank in die Stille.

Eine Freundin rief mich mit tränenerstickter Stimme an und klagte, dass sie in ihrer Arbeit so gemobbt wurde, dass sie wohl demnächst entweder entlassen oder selbst gehen würde. Hinter ihrem Rücken wurde getratscht, ihre Unterlagen wurden manipuliert, sodass es aussah, als ob sie Fehler gemacht hätte. Nun ist diese Frau eine sehr korrekte Person und vielleicht liegt darin auch schon ein Teil des Problems. Sie hatte sich nämlich angewöhnt, die Fehler der anderen zu verbessern und darüber zu klagen, dass nirgendwo korrekt gearbeitet würde.
Ich sagte: »Wenn der Job so unangenehm ist, kannst du doch froh sein, dass du ihn bald los bist. Wo etwas wegfällt, wird Raum frei für etwas anderes.«
Das fand sie zynisch und erinnerte mich daran, dass sie schon einmal einen Job durch Mobbing verloren hatte. Mobbingopfer machen gar nicht selten mehrmals dieselbe Erfahrung, geraten immer wieder in die Zange von Machtmanipulationen.
Da stieg in mir eine Erinnerung auf, die ich lange Zeit verdrängt hatte. In der Wohngemeinschaft, in der ich damals lebte, fing plötzlich eine Frau an, Tüten und Schachteln bei mir abzustellen, weil sie in ihren Räumen keinen Platz dafür hatte. Ich bat sie, das zu unterlassen, und stellte das Zeug wieder in ihr Zimmer. Einmal war ich ein Wochenende verreist. Als ich zurückkam, hatte sie eine Kommode in meinen Flur gestellt. »Dein Flur ist doch ganz leer, du hast doch genug Platz«, sagte sie. Ich wollte den Flur leer und regte mich über sie auf. Das führte allerdings nur dazu, dass sie ständig irgendwelche

kleinen Übergriffe bei mir machte. Klassisches Mobbing. Dieser Konflikt führte schließlich dazu, dass ich auszog. Manche würden vielleicht sagen, dass ich ihr unterlag, das Feld räumte.
Ich hatte mir die Situation überlegt. Warum mobbte sie mich? Sie fand, dass mein Leben leichter war als ihres? Sie fand, dass ich mehr Platz hatte als sie? Ich hatte auch ein Kind weniger. Vielleicht empfand sie es so, dass ich meine Energie zu stark ausdehnte, fühlte sich von mir vielleicht energetisch bedrängt und setzte dieser Bedrängnis mit der Kommode eine Grenze? Es war unmöglich, die Situation ruhig und gelassen zu besprechen, weil die eigentlichen Themen, Neid, Eifersucht, Ärger, nicht besprochen wurden.
Es kann wichtig sein, einen Konflikt durchzustehen und für das eigene Recht zu kämpfen. In meiner Situation war es für mich einfacher, nachzugeben, die Energie der Hausgemeinschaft wahrzunehmen und zu wissen, da ist für mich kein Platz mehr. Ich wollte nicht kämpfen, ich hatte sowieso mit dem Gedanken gespielt, auszuziehen, andere Ereignisse und Entwicklungen bestärkten mich darin, also handelte ich und ließ den Konflikt zurück bei der Frau, die denselben Konflikt nun mit anderen hatte.
Ich halte mich gern an das magische Grundprinzip: Mit wenig Energieaufwand große Wirkung erzielen, anstatt umgekehrt viel Energie aufzuwenden, um danach doch nichts zu bewirken.
Ob sie daraus etwas gelernt hat, ist mir egal. Ich habe daraus gelernt, dass ich den Konflikt mit entzündet

hatte. Und das fiel mir ein, als die Freundin vom Mobbing im Job erzählte. Denn manchmal kann es wichtig sein, den Beginn der feindseligen Aktivitäten zu erforschen und die Ursache aufzudecken, die eben auch bei der Person liegen kann, die sich als Opfer fühlt.
Ungewöhnliche Reaktion auf Mobbing ist auch keine schlechte Idee. Das Opfer dreht den Spieß um und kümmert sich um die Probleme der mobbenden Person. Geht's dir nicht gut? Was ist dein Problem? Sprechen wir drüber, dann geht es dir vielleicht besser?
Meine Freundin beschloss, sich den Intrigen zu stellen. Wir trainierten zusammen. Der Körper musste wach werden, sich gut entspannen und schnell reagieren können, gelassen bleiben, auch bei unverschämtesten Anschuldigungen. Sie musste ihre Sprache schärfen, freche Reden schwingen, Situationen durchspielen. Sie musste ihre eigenen Schwächen kennenlernen und, was noch viel wichtiger war, sie musste sich diese Schwächen und Fehler verzeihen, um nicht in die Falle des Selbsthasses zu gehen.
Selbsthass ist eine der schärfsten Waffen, die Frauen gegen sich einsetzen. Sie demontieren andere Frauen, machen sich über sie lustig, diffamieren sie, setzen sie herab und dann vervollständigen sie das Werk der Vernichtung an sich selbst: »Ich kann nichts. Ich bin nichts wert, dann soll die aber auch nicht so angeben. Die ist genauso blöd. Warum soll es der besser gehen als mir. Warum soll die Erfolg haben und ich nicht? Wie sie sich immer produziert. Und dann glaubt sie, die Männer fliegen

auf sie. Was die sich einbildet.« Und so weiter. Natürlich wird diese Energie kaum jemals so klar benannt und ausgesprochen. Selbsthass ist ein vages Gefühl, das immer sofort aufbrandet, wenn von außen Kritik geübt wird. Und es ist ein Gefühl, das sich schnell nach außen dreht, wenn der Druck zu groß wird – eigentlich eine Schutzmaßnahme. Aus Selbsthass wird Hass. Doch Hass heilt nie die Verletzung.

Das sind Mobbing-Zutaten: Unsicherheit, Selbstzweifel, Misstrauen, mangelndes Selbstwertgefühl auf der Opferseite, Feigheit, Ehrgeiz, Rücksichtslosigkeit, intrigantes Verhalten, Schadenfreude, Hass auf der anderen Seite.

Wer Mobbingopfer ist, könnte durchaus mit den zur Verfügung stehenden Kräften, wenn sich der Wind dreht, zum Mobber, zur Mobberin werden. Am meisten Schaden richten Menschen an, die vorher massiv geschädigt wurden.

Wer mit sich selbst im Klaren ist und sich liebevoll mit den eigenen Fehlern beschäftigt hat, kann aus der Opferbereitschaft aussteigen, den Mobbern das Handwerk legen. Das zeigt, dass es nie um Schuld oder Unschuld geht, sondern um die Wahrnehmung der einzelnen Anschuldigungen, Handlungen, um die Qualität der Energie, die den Akt des Mobbing trägt. Je genauer die Analyse, desto größer die Chance, im Mobbing nicht unterzugehen.

Die beste Möglichkeit, sich Mobbing zu stellen, ist beherzte Entschlossenheit: nachfragen. Das Gesagte wiederholen. Die Mobbing-Inhalte spiegeln, ohne sich zu rechtfertigen oder zu verteidigen. Es ist auch wichtig, die Leute, die tratschen und intrigieren, zur Rede zu stellen. Sie mit den Inhalten zu konfrontieren, die weitererzählt wurden.

Ein befreundeter Arzt erzählte mir, dass er als Chirurg in der Klinik gemobbt wurde, indem ein Assistent, der seinen Job haben wollte, den falschen Operationsfaden bereitlegte. Dieser Faden wäre nicht im Körper zerfallen, die kranke Person hätte noch einmal operiert werden müssen, es wäre ein Kunstfehler des operierenden Arztes und damit sein Ende als gefeierter Spezialist gewesen. Er merkte den Betrug, stellte den Assistenten zur Rede und die Sache ging für ihn gut aus, führte jedoch dazu, dass er die Klinik verließ und sich selbstständig machte.

Menschen, die gemobbt werden, verlassen nicht selten irgendwann das Umfeld, in dem sie angegriffen wurden, auch wenn sie im Fall des Mobbings Recht bekommen hatten.

Es reicht nicht, sich gegen Mobbing einfach nur zu verteidigen, vielmehr ist es wichtig, den eigenen spirituellen Raum wahrzunehmen und auszudehnen und sofort Alternativen zur Lebenssituation oder zum Job zu überlegen. Wer gemobbt wird, wird in seinem Raum eingeschränkt und in seinem spirituellen Raum verletzt. Also fängt die Heilung innen an. Ich muss meinen Raum wieder einnehmen und spüren, um mich der Gefahr stellen zu können.

Diese Alternativen konnte eine Frau aus meinem Bekanntenkreis nicht entwickeln, als sie sich gemobbt fühlte. Sie hatte einem Mitarbeiter sexuelle Übergriffe vorgeworfen. Die Tatsachen konnten nie wirklich geklärt werden, weil diese Frau emotional so aus der Balance geriet, dass sie schließlich in psychiatrische Behandlung ging. Damit sank ihre Glaubwürdigkeit, die Sache wurde nicht weiterverfolgt.

Das ist ein altes, hochwirksames patriarchales Mittel gegen rebellierende Frauen: »Du spinnst ja, du gehörst in die Psychiatrie!« Welche Frau hätte diesen Satz nicht wenigstens einmal gehört, wenn sie ihrer Empörung Luft machen, sich Recht verschaffen wollte. Es gehört zur Mobbing-Grundausstattung: Die ist nicht ganz richtig im Kopf, die hat doch keinen Überblick mehr, die kann ihre Arbeit nicht mehr gut machen, weil sie nicht ganz dicht ist. Um jemanden abzuqualifizieren, eignet sich der Vorwurf besonders gut, die entsprechende Person sei verrückt und damit für den Job ungeeignet oder als MitbewohnerIn untragbar. Während Männer eher in sich einsinken und damit aus der Schusslinie geraten, regen Frauen sich auf, schreien, weinen, schimpfen und so sinkt ihre Chance, ernst genommen zu werden, auf ein Minimum.

In meiner Nachbarschaft lebte eine alte Frau mit ihrem Sohn. Der Sohn entwickelte außerordentlich viel Fantasie, wie an Geld heranzukommen sei. Unter anderem verkaufte er die Mietwohnung der Mutter an mehrere Interessenten. Er drängte sie, eine Anzahlung zu machen, und mit der verschwand er dann immer ein paar Jahre, während die alte Frau so tat, als wisse sie überhaupt nichts. In die Wohnung dieser beiden Leute sollte eine Fotografin ziehen. Wir unterhielten uns im Treppenhaus und ich warnte sie, mit Zahlungen vorsichtig zu sein. Da war es jedoch schon zu spät, weil sie schon größere Investitionen in die Wohnung gesteckt und ihr gesamtes Equipment bereits umgezogen hatte, obwohl sie noch gar nicht da wohnte. Eines Samstagmorgens stand ein Umzugswagen vor dem Haus. Computer, Fotoequipment und Möbel wurden in das Fahrzeug geladen. Ich rief die Frau an und fragte sie, ob sie schon wieder ausziehe. Sie fiel aus allen Wolken und verständigte die Polizei. Aus nachvollziehbaren Gründen flippte sie völlig aus. Der Mann, der den Umzug in ihrem Namen mit ihrem Fax in Auftrag gegeben hatte, war ruhig und höflich. Das führte dazu, dass die Polizei die Frau für eine Betrügerin und den Betrüger für den Geschädigten hielt. Ich konnte zwar ruhig und gelassen den Beamten den wahren Sachverhalt erklären, doch als sie endlich erkannten, dass sie einen Fehler gemacht hatten, war der Mann verschwunden, das Geld sah die Frau leider nie wieder, denn als der Betrüger schließlich gefasst wurde, gab es viele Geschädigte und kein Geld.

Mobbing – die Kunst, den Ruf eines Menschen zu zerstören und ihn unglaubwürdig zu machen, ihm damit die Lebensgrundlage, in der er sich befindet, zu rauben – findet auf allen Ebenen statt, im Job, im Freundeskreis, sogar in der Familie. Es gibt eigentlich nur eine Möglichkeit, sich dagegen zu wehren: nach genauer Analyse der Situation das am besten geeignete Mittel finden, um die

eigene Integrität wiederherzustellen. Dazu kann gehören, dass man sich um Diffamierungen nicht weiter kümmert, wenn man sie einmal richtiggestellt hat. Vielleicht muss es auch zu einer Anzeige kommen, wenn die Angriffe besonders dreist und beweisbar sind. Mit großer Emotion darauf einzusteigen, sich zu wehren, an der Lüge zu verzweifeln und auszuflippen ist jedenfalls der sicherste Weg, im Mobbing unterzugehen.
Über mich wird viel getratscht. Manche neiden mir mein heiteres Naturell, mein Glück, das allerdings Ergebnis disziplinierter Vergangenheitsbewältigung ist, manche den Erfolg, manche finden mich unerträglich mystisch, anderen passt es nicht, dass ich so viel schreibe – wie auch immer. Ich begegne Verleumdungen, Mobbing, Tratsch, Intrigen mit dem Spruch meiner Mutter: Wer hinter meinem Rücken redet, redet mit meinem Arsch. Und ich denke auch, wer sich so stark exponiert wie ich, darf nicht empfindlich sein. Tratsch ist auch heilsame Zutat in Gemeinschaften, er lässt Dampf ab. Man muss sich nicht über alles aufregen. Wenn ich einer Gesellschaft den Rücken kehre, weiß ich, dass danach getratscht wird. Das tue ich auch manchmal ganz gern und finde nicht, dass diese Art, sanfte Kritik zu äußern, wirklich schadet, solange sie nicht bösartig wird.
Gelassenheit ist vielleicht das wichtigste Mittel, um Mobbing nicht nur zu überstehen, sondern gestärkt daraus hervorzugehen.

Zu nah – zu distanziert

Als Mobiltelefone und Displays erfunden wurden, die die Nummer des Anrufers zeigen, gab es folgende Werbung. Ein Mann belästigt eine Frau am Telefon sexuell. Er sagt: »Ich möchte dich küssen. Ich möchte dich ausziehen. Ich möchte dir nah sein. Noch näher.« Sie liest seine Nummer vom Display vor und fragt: »Nah genug?« Diese Werbung spielt mit der Erkenntnis, dass Nähe nicht immer erwünscht und gefahrlos ist. Es scheint, dass Distanz leichter auszuhalten ist als Nähe. Familiarity breeds contempt, sagt die englische Sprache, Nähe schafft Verachtung. Gepardinnen leben in Distanz zu Artgenossen. Wenn sie sich paaren wollen, suchen sie die Nähe eines Partners, doch danach ziehen sie allein ihrer Wege. Zwar machen sie mit dem Begatter nicht so radikal Schluss wie manche Spinnen, die das Männchen nach dem Akt auffressen, doch zu einem zweiten Date nach der Begattung kommt es nicht.

Für Menschen hat sich die Evolution etwas anderes ausgedacht. Zum Fortbestand, zur Brutzeit, zur Aufzucht der Nachkommenschaft braucht es eine gewisse körperliche Nähe. Oder ist das nur das kulturelle oder religiöse

Programm, das Menschen in dieses Muster presst? Denn nicht überall auf der Welt träumen die Frauen davon, dass der Mann bei der Geburt dabei ist und mit ihr und dem Kind in einer kleinen Wohnung lebt. Dieses Modell funktioniert nicht besonders gut. Überhaupt haben sich da ein paar Strömungen eingeschlichen, die vermutlich mit der Evolution nicht viel zu tun haben. Frauen wollen reden, wollen gestreichelt und verstanden werden, Männer wollen indessen lieber die Zeitung lesen, in Ruhe am Computer sitzen (und spielen) und verstehen das übermäßige Bedürfnis nach Streicheleinheiten und Geplauder nicht. Frauen erwarten eigentlich von Männern oft, was nur Frauen geben, finden es jedoch bei Frauen nicht wertvoll genug. Männer scheinen eher die Grundbedürfnisse in einer Beziehung befriedigen zu wollen: Sex, Nahrung, Sauberkeit, Sicherheit.
Die Nähe zwischen Frauen ist oft nur scheinbar liebevoll. Eine Frau bringt es fertig, ihrer Freundin eine hawaiianische Massage zu verpassen, während sie an die Verabredung denkt, die sie mit deren Mann am Abend haben wird.
Männer können das Bedürfnis nach Berührung mit anderen Männern oft nur in Kampfsituationen ausleben.
Die Nähe, die wir vermutlich alle wunderbar finden, ist die sinnliche, befriedigende, erotische, sexuelle Nähe, die auf gegenseitiger Sehnsucht basiert und gar nicht nah genug sein kann. Prinz Charles formulierte das einmal so: Ich möchte dein Tampon sein. Nicht jede Frau freut sich über so einen Wunsch nach totaler Nähe, vor

allem von Personen, die nicht erwünscht sind. Hier Grenzen zu ziehen fällt vielen Frauen sehr schwer. Was uns bei dem einen Mann unheimlich und ekelerregend erscheint, kann uns beim anderen durchaus reizen. Wenn die Hormone tanzen, gibt es kaum noch Lust auf Distanz. In vielen Beziehungen wird die Nähe exzessiv ausgelebt, es gibt kein Ich mehr, nur noch Wir. Doch die Distanz, das Erleben des eigenen Raums, die Wahrnehmung der ureigenen Bedürfnisse sind die notwendigen Voraussetzungen, dass Nähe überhaupt entstehen kann. Ohne die Lust an der eigenen Sexualität, Sinnlichkeit, Erotik wird ja gar nicht klar, was man selbst will. Sex macht erst dann wirklich Spaß, wenn man genau weiß, wie weit man selbst gehen will, wenn man die eigenen Grenzen und Vorlieben kennt und auch Nein sagen kann.

Spirituelle Nähe ist erst dann möglich, wenn das Erleben des eigenen Raums, das Eintauchen in die Tiefe der Ängste und Erinnerungen möglich ist. Auch bei der liebsten, gewaltlosesten Person ist es nötig, den eigenen Raum zu wahren, der kampflos, ohne Entschuldigung, ohne Erklärung gewährt werden muss. Es scheint, dass zum Selbstverständnis einer »guten« Beziehung totale Offenheit und Nähe gehören. In der Praxis entpuppt sich diese scheinbare Nähe als komplexe Struktur des Verbergens, Verschweigens, Lügens.

Nicht immer ist Nähe gewünschte Intimität. Ich sonnte mich mit anderen Frauen am Isarstrand. Wir hatten die Oberteile abgelegt und bemerkten schnell einen Mann, der mit seinem Teleobjektiv auf der Kamera Fotos machte. Ich zog mir ein T-Shirt an und rannte hinauf zu ihm zur Brücke. Er bemerkte das gar nicht, weil er mit seinen Fotos beschäftigt war. Ich zog am Riemen seiner Kamera, die ihm auf die Nase schlug. Nun drehte er sich zu mir um. Anstatt auszuweichen, ging ich ganz nah an ihn heran. Ich spürte, wie er zitterte, das weckte mein Mitgefühl, aber auch kompromisslose Klarheit. Ich zog das Knie hoch und sagte, er solle verschwinden und nie wiederkommen. Tatsächlich lief er los. Diese körperliche Nähe zu einem Gegner lehrte mich etwas Kostbares: Wir sind alle gleich in unseren Ängsten, Bedürfnissen, Sehnsüchten, körperlichen Reaktionen. Manche haben mehr Glück damit, ihre Bedürfnisse zu befriedigen, andere weniger. Manche stellen sich ungeschickt an, manche kommen immer zu kurz, aber alle brauchen Nähe und körperliche Berührung.

Und wir brauchen auch die Distanz zu anderen, um zu uns selbst zu finden. Ich lebe seit Jahren allein, weil ich auf einer Abenteuerreise zu mir selbst, zu den spirituellen Schichten meines Seins bin. Nach einem Leben in Wohngemeinschaften, Lebensgemeinschaften bin ich nun mit mir selbst allein auf dem Weg zur Eigenmacht. Ich pflege Freundschaften und bin in häufigem Kontakt mit meiner Familie, doch kann ich die Schnittstellen zwischen der körperlichen und der spirituellen Welt nur für mich selbst freilegen, unbelastet von religiösen und familiären Vorstellungen, frei von Formen und Strukturen, die nicht meine sind, offen für neue Erfahrungen, für

Kontakte und eigenmächtig genug, mich zurückzuziehen, wenn es Zeit ist.

Dieser Tanz mit Impulsen hat mein Verhältnis zu Menschen verändert. Ich sehe sie nicht mehr nur noch so, wie sie sich darstellen, wie sie leben oder was sie tun, sondern mit der Energie, die sie antreibt, ich bin auf der Spur der Impulse, die die Welt zusammenhalten. Um diese Spur zu lesen, zu erspüren, brauche ich Distanz. Um die Erfahrung auszuhalten, brauche ich Nähe.

Der schiefe siebte Himmel

Während Männer früher fast auf die gesamte weibliche Bevölkerung einschließlich Kinder zurückgreifen konnten, um ihre Machtgelüste an ihnen zu befriedigen, haben Frauenbewegung und die fortschrittliche Politik ein breiteres Selbstbewusstsein bei Frauen und vor allem eine rechtliche Absicherung von Frauen und Kindern bewirkt und damit das Schlachtfeld männlicher Gewaltfantasien und Gewaltausübung erheblich eingeschränkt. So konnte es zu dem erstaunlichen Vorwurf eines (linken!) Mannes in meiner Umgebung kommen: Wenn ihr Frauen nicht so aggressiv und unweiblich wärt, würden Männer nicht in den Osten gehen, um Frauen und Kinder zu attackieren. Die Logik ist also: Opfert euch, damit sich kriminelle Männer nicht auf Kinder stürzen? Wenn hilflose Frauen und Kinder angegriffen werden, ist es die Schuld starker Frauen? Wahr ist, dass viele Männer die Veränderungen, die sich in den letzten dreißig Jahren bei mitteleuropäischen Frauen getan haben, nicht mitvollzogen haben. Sie blieben bequem, denkfaul, auf ihre linearen Gewohnheiten beschränkt, stellen die Rolle des Mannes in der veränderten Welt nicht in Frage, ja merken oft nicht einmal, wie sehr die Welt sich verändert hat. Für ihre Unlustgefühle machen sie Frauen verantwortlich und haben keine Lust, sich tiefgreifenden Veränderungen zu stellen. Dass daraus ein Gefahrenpotenzial resultiert, liegt auf der Hand. Frustrierte Männer wollen nicht reden, sondern Macht ausüben. Allein in München stiegen Gewaltverbrechen und vor allem sexuelle Gewaltverbrechen gegen Frauen im Gegensatz zu den Neunzigerjahren wieder um ein Viertel an. Junge Frauen fielen wieder in das alte Muster:

Ich bin anders.
Bei mir ist er anders.
Mein Mann ist anders.
Das macht er, weil …

Und wenn alles schiefgelaufen ist:
Meiner ist schlimmer als alle anderen.

Eine Möglichkeit wäre ja die Kommunikation. Sagen, was ist. Fragen, wenn die Situation unübersichtlich wird. Doch Kommunikation will gelernt sein. Dafür ist kaum noch Zeit. Man hilft sich mit Mediation durch die schlimmsten Konflikte – oder mit Flucht.
»Wie soll ich mir treu bleiben, ich kenne mich nicht«, sagte mir einmal eine Freundin. »Ich liebe meinen Freund, aber immer wieder beschleichen mich Zweifel, ob es richtig ist, was ich alles mache, nur um ihm zu gefallen.«

Ich sagte: »Steck das Geld, das du jetzt deinem Liebhaber für Drogen gibst, in die Ausbildung eines Mädchens.«
»Das ist doch Quatsch«, sagte sie unsicher.
»Es ist Quatsch, einem Mädchen zu einer Zukunft zu verhelfen, aber sinnvoll, einen drogensüchtigen Mann zu unterstützen?«
»Du weißt schon, was ich meine«, sagte sie. »Ich kann doch nicht irgendeine junge Frau unterstützen. Diesen Mann liebe ich doch.«
Liebe. Was nicht alles aus Liebe getan wird. Und wie diese Liebe nicht immer umschlägt – in Enttäuschung, in Hass, in Verletzung. Wahrscheinlich erwarten wir einfach zu viel, machen zu viele Zugeständnisse, die eine lange Zeit nicht überdauern können. Am Anfang fühlt es sich ja gut an, Liebesbeweise zu geben, eigene Bedürfnisse auch mal zurückzustellen. Aber dann wird dieses Korsett zu eng. Das ist oft die Stunde der WahrsagerInnen …
»Er hat mich betrogen und belogen«, sagte sie eine Weile später. »Stell dir vor, er hat mir mein ganzes Geld geklaut.«
»Offenbar hattest du noch zu viel«, sagte ich ungerührt.
»Er hat mich mal geliebt«, sagte sie.
Ich kenne die Hormonvernebelung.
»Vielleicht wollte er nur an das Geld, das er von deinen Eltern kommen sah«, sagte ich.
»Er wusste doch gar nicht, dass meine Eltern Geld haben«, protestierte sie.

»Na ja, sie fuhren mit dem Mercedes vor und haben euch zu einem schicken Abendessen eingeladen, so richtig arm können sie nicht sein«, schlug ich vor.
»Du machst alles schlecht«, beklagte sie sich.
»Nein, du hast dich bei mir beklagt. Ich spiegle dich nur«, sagte ich. »Alles, was ich dir sage, hast du mir selbst schon gesagt, doch du hörst dir selbst nicht zu.«
»Es stimmt«, sagte sie. »Was kann ich tun?«
»Schütze dich«, sagte ich. »Erkenne die Gefahr und schütze dich.«
Es scheint, dass jede Generation ihre eigenen Befreiungsbewegungen braucht. Immerhin ist der Schutz und die Freiheit auch in der Ehe und der Familie mittlerweile rechtlich festgeschrieben. Jede Frau kann sich darauf berufen. Doch die gesetzlichen Möglichkeiten werden oft nicht genutzt. Frauen haben Angst, dass die Männer, die sie anzeigen wollen, dann noch gefährlicher, noch gewalttätiger gegen sie, gegen die Familie werden. Der kriminelle Alltag zeigt, dass diese Befürchtungen nicht grundlos sind. Männer stehen hilflos vor der Wut und Enttäuschung ihrer Partnerinnen und wissen gar nicht, was die wollen. Fallen aus allen Wolken, wenn die Frauen gehen und Forderungen stellen. Die neue idealisierte Väterbewegung will ein neues Männer- und Väterbild schaffen. Doch wenn's kritisch wird, zeigt sich, dass Väter oft wenig belastbar sind, wenn die Auseinandersetzungen, die Kraftproben kommen. Da greifen die Väter gern zur alten Autorität, was der Vater sagt, ist Gesetz, auch wenn's schwachsinnig ist, oder sie entziehen

sich. Doch auch auf Mütter können sich Kinder nicht immer verlassen. In Abhängigkeit von ihren Männern oder Liebhabern vernachlässigen immer mehr Frauen ihre Kinder, lassen sie sogar verhungern. In einer Situation, in der ein Mensch am meisten Schutz braucht, ist er oft am meisten gefährdet. Dafür gibt es keine einfache Lösung, denn nicht immer gibt es Anzeichen für die Gefahren, die Kindern drohen. Das Modell der Kleinfamilie, in der die Eltern mit »ihren« Kindern tun können, was sie wollen, führt zu den Beschädigungen, die auf die nächste Generation übertragen werden.

Obwohl Literatur, Kunst, Kino und die tägliche Erfahrung zeigen, dass es mit Männern und Frauen nicht ganz einfach ist, stürzen sich Männer und Frauen, angetrieben von Liebesromanen, Pornoheften, Zeitschriften und dem eigenen Trieb, in Beziehungen, die niemals gut gehen können und mit schöner Regelmäßigkeit auch nicht gut gehen. Jeder Mann, jede Frau hat bei Beginn einer Beziehung schon einmal das ausgesprochen, was nachher Kern des Problems sein wird. Doch anstatt sich selbst zuzuhören, lassen sich alle in Situationen treiben, die im besten Fall erträglich sind. Man muss halt Kompromisse machen. Aus dieser Nichtkompatibilität entstehen explosive Potenziale, die alles andere als romantische Situationen erzeugen. Gerade Frauen haben erstaunliche Verdrängungsmechanismen, wenn es darum geht, endlich ein Nest zu bauen, ein Kind zu bekommen und ein Leben zu zweit zu beginnen. Eine meiner Freundinnen hatte dabei Glück. Sie jagte ihren Liebhaber fort und erfuhr aus der

Zeitung, dass er nicht nur bereits mit einer Frau verheiratet war und ein kleines Kind hatte, sondern diese Frau aus dem achten Stock in den Tod gestoßen hatte.

Die dunklen Wolken, die sich zu Beginn einer Beziehung zeigen, werden gern mit schönen, idealisierten Fantasien rosarot geträumt. Eine gigantische Paarungsindustrie versorgt die paarungswilligen Männer und Frauen mit synthetischen Träumen, mit Kuschelrock und romantischen Produktangeboten, um das Business am Laufen zu halten. Mit Scheidungen verdienen die Kommunen und natürlich die Anwälte mehr als mit Hochzeiten, so haben alle ein Interesse am Liebesleben der Massen. Dass es meistens so lieb nicht ist, wird Gegenstand der so beliebten Berichte und Sendungen, in denen die Tragödien, die Verbrechen, Vergewaltigungen, Kindsmord und Ähnliches genüsslich aufbereitet werden. So ist das Leben, wird uns hier vermittelt. Zuerst lieben sie sich, dann bringt er sie um. Zuerst sind sie so eine nette Familie, dann läuft er Amok. Zuerst sah die junge Frau so freundlich und korrekt aus, dann lässt sie ihre zwei Kinder verhungern. Das Leben »ist so«, weil wir es so gestalten, so sein lassen, uns fügen und nichts aus Erfahrungen lernen, weil wir konsequent wegschauen.

Katastrophen zu verhindern erfordert den genauen Blick und die Analyse der Situation, um das schlimme Ende gar nicht erst möglich zu machen.

Eigenverantwortung. Was bedeutet das eigentlich? Aus dem klebrigen Kitschprogramm auszusteigen, um hinterher festen Boden unter den Füßen zu haben.

Es bedeutet auch, die eigenen Sehnsüchte und Mangelerscheinungen, die Verletzungen und Automatismen genauer zu betrachten. Nicht um sich Vorwürfe zu machen, sondern um zu sehen: So reagiere ich, das will ich, das brauche ich, das kann ich nicht, das stößt mich ab, danach sehne ich mich. Denn wenn darüber Klarheit besteht, muss ich nicht vor Überraschung in die Knie gehen, wenn ich mit einem Mann oder einer Frau in den Clinch gehe und feststellen muss, da läuft etwas total schief.

Die Welt hat sich gründlich verändert, aber die persönlichen Beziehungen werden immer noch wie aus der Biedermeierzeit durchgezogen, denn aus der stammen unsere Beziehungsvorstellungen. Waren im Mittelalter noch Großfamilien als wirtschaftliche Interessengemeinschaften die Regel, in denen die einzelnen Mitglieder, Ehepaar, Kinder, Tanten, Onkel, Großeltern, zusammenarbeiteten, um über die Runden zu kommen, setzte sich im Biedermeier mehr und mehr die romantische Zweierkonstellation mit Kindern durch, der zwar auch verarmte oder alte Familienmitglieder angehängt wurden, doch das Ehepaar kristallisierte sich als Zentrum der Gemeinschaft heraus. In der industriell revolutionierten Familie wurden schwache Mitglieder an den Rand und hinausgedrängt, Kinder zur Adoption freigegeben, Alte ins Altenheim abgeschoben. Die Kleinfamilie triumphierte. Vater, Mutter und Kind oder Kinder bilden jetzt den Kern der »kleinsten terroristischen Einheit«, wie Pasolini die Familie nannte. Ein Heer von PsychologInnen,

TherapeutInnen, PolizistInnen, RichterInnen, Staatsanwältlnnen ist mit dem Nichtfunktionieren dieser kleinen Zelle beschäftigt. Das hat sich jedoch, obwohl täglich in den Medien breitgetreten, nicht bis ins romantische Zentrum des Hirns, dessen Sitz noch nicht gefunden wurde, herumgesprochen. Die veränderten Lebensbedingungen werden zwar als Qual empfunden – zu kleine Wohnungen, der Mann eignet sich nicht mehr als »Führer« der Familie, weil die Frau mittlerweile emanzipiert, berufstätig und oft genug unterwerfungsunwillig ist oder die Kinder besser ausgebildet sind als die Eltern. Doch Schlüsse scheint daraus niemand zu ziehen. Es wird weiter in kleinen Beziehungs- und Familienschachteln gebaut, organisiert, geträumt. Der siebte Himmel fällt so manchem Paar, mancher Familie auf den Kopf, doch immer noch gilt es als Versagen der Einzelnen und nicht etwa als renovierungsbedürftiges Modell.

Verweigerung und Rückzug wird in Partnerschaften oft als Aggression empfunden. Die meisten meiner verheirateten Freundinnen leiden an der mangelnden Kommunikation mit ihrem Partner. Er zieht sich zurück, er redet nicht, er scheint ein geheimes Leben neben dem mit Frau und Kindern zu haben. Selten einmal wird eine Frau wirklich gewalttätig und versucht, ihren Mann durch körperliche Attacken ins Hier und Jetzt zu holen.

Dagegen werden verlassene Partner, mehr Männer als Frauen, immer öfter zu Stalkern, sie verfolgen die Partnerin, stellen ihr nach, terrorisieren sie mit Anrufen, Drohungen, Verletzungen, erschrecken sie. Manche Stalker

bringen ihr Opfer sogar um. Sie ertragen die Verweigerung nicht, sie wollen ihren eigenen Willen durchsetzen. Es ist kein Kampf aus Liebe, sondern ein Machtkampf. Deshalb bringt es auch nichts, verständnisvolle Gespräche zu führen und den Verfolger an sich heranzulassen. Beharrlich und nachdrücklich Grenzen zu ziehen, Hilfe zu suchen und Anwalt und Polizei einzuschalten ist der richtige Weg, um Stalker zu stoppen.
Verfolgte Frauen fühlen sich oft schuldig. Sie denken, sie haben etwas falsch gemacht und deshalb sind sie mit verantwortlich für die emotionalen Ausraster des Partners. Wahr ist, dass der Stalker seinen emotionalen Notstand durch Machtergreifung ausgleichen will. Dieser Machtanspruch will Unterwerfung und diese hat die Frau ja durch die Trennung gerade nicht gewährt. Der zerbrochene Traum der heilen Welt, die ja in der ersten Verliebtheit durchaus stabil erscheint, erzeugt Rachegefühle, Hass. Dafür Verständnis zu entwickeln ist nicht die beste Abwehr der Bedrohung.
Seit Kurzem gibt es ein Gesetz gegen Stalking, doch Frauen können sich dennoch nicht sicher fühlen, oft wird ihnen die Schuld für die Situation gegeben. Eine Freundin erzählte mir, dass sie ihren Exfreund anzeigte, weil er versucht hatte, sie zu überfahren. Der Polizist, der die Anzeige aufnahm, sagte zu ihr: »Wenn meine Frau mich verlassen würde, würde ich noch ganz was anderes tun! Denken Sie an Ihre Kinder, gehen Sie zurück zu ihm!« Diese Haltung ist nicht verwunderlich. Immer mehr Polizisten bringen mit der Dienstwaffe die

Ehefrau oder Freundin um, die sich trennen will. Die hilflose Wut der Männer angesichts der Entschlossenheit ihrer Frauen geht durch alle Berufe und Gesellschaftsschichten.

In größeren Städten gibt es Gleichstellungsbeauftragte bei der Polizei und Beamtinnen, die bedrohten Frauen helfen. Anstatt den Kampf mit einem Polizisten aufzunehmen, sollte eine Frau, die sich bedroht fühlt, den Frauennotruf anrufen oder sich an ein Frauenhaus oder eine Gleichstellungsbeauftragte wenden. Auch der Austausch in einer Selbsthilfegruppe führt zu einer Stärkung der bedrohten Frau und damit zu einer Lösung des Problems.

Magische Traditionen lösen Bedrohung in der Beziehung durch Schutz und Gegenangriff. Die magischen Verbündeten werden gerufen, Haustür, Schwellen, Telefon werden mit Spucke und Ziegelstaub versiegelt, der Weg vom Stalker zum potenziellen Opfer wird »schlüpfrig« gemacht, das heißt, mit magischen Sprüchen belegt, die den Täter zu Fall bringen.

Hilft es? Bei mir schon. Ein Exfreund, der mir nachstellte, sah sich plötzlich mit einer Reihe von unerklärlichen Erscheinungen und Hindernissen konfrontiert. Wenn er mich anrief, um mich zu beschimpfen und mir zu drohen, legte ich den Hörer neben das Telefon und rasselte. Ich hörte bald nichts mehr von ihm.

Zwar muss ich, seit vielen Jahren allein lebend und in dieser Lebenssituation glücklich und zufrieden, immer wieder erklären und versichern, wie gut mir dieses Leben tut, doch eine Freundin, die einen drogensüchtigen kommunikationsunfähigen Mann zu Hause hat, muss keineswegs erklären, warum sie noch mit ihm zusammen ist. Das versteht man. Wo die Liebe hinfällt. Zwar betrügt eine andere Frau, die ich kenne, ihren trunksüchtigen Mann mit einem Kiffer und nutzt jede Gelegenheit, ihn schlecht zu machen und von Trennung zu träumen, doch niemand sagt: »Schaffe endlich klare Verhältnisse, anstatt dich in neuen Illusionen zu verstricken.« Alle nicken verständnisvoll. »Ja, das kenne ich. Ach, deiner auch.« Hoffen wir, dass dieser Mann sie nicht auch aus dem achten Stock wirft.

Sich selbst zu schützen, Verantwortung für die eigene Unversehrtheit und für die Unversehrtheit der Kinder zu übernehmen, würde eben auch bedeuten, eine Situation behutsam zu beenden, die Gewalt erzeugt. Behutsam heißt nicht schlucken und schlucken, bis nichts mehr reinpasst und man explodiert, sondern die Lage erforschen und erkunden, Verwicklungen entwirren und auflösen und einander beistehen, bis die Lösung gelungen ist. Davon sind die meisten Beziehungen weit entfernt. Wenn's schiefläuft, bleibt nur blanker Hass, der in Gewalt umschlägt und Thema für immer neue literarische und mediale Werke wird, denn Gewalt verkauft sich noch besser als Romantik. Doch kein Kuschelrock, kein Wellness-Wochenende und keine rosa Brille kann am Ende die Wucht der Wirklichkeit abfedern.

Spielerisch die Welt verändern

Es war etwa halb drei Uhr morgens. Auf einer der belebtesten Kreuzungen Münchens streute ich einen Kreis aus Getreidekörnern. In der Mitte legte ich ein Bündel Kräuter neben ein Teelicht. Dann rasselte ich in alle vier Himmelsrichtungen und begann, in diesem Kreis ein wenig zu tanzen und zu rasseln, dazu summte und sang ich. Die wenigen Autos, die um diese Zeit über die Kreuzung fuhren, verlangsamten ihre Fahrt. Manchmal drehte ein Fahrer neugierig das Seitenfenster herunter. »Was wird das?« – »Ein Wärmefeld! Ich will den Verkehr beruhigen, die AutofahrerInnen glücklich machen. Den Platz positiv aufladen, die Menschen schützen.«
Ein Auto, in dem zwei Frauen saßen, stoppte. Sie stiegen nicht aus. Sie beobachteten mich nur lächelnd. Vom nahen Tanztempel Muffathalle kamen zwei junge Männer und eine Frau. Sie stutzten, als sie mich sahen. Eine Weile blieben sie auf dem Gehsteig stehen, dann kam einer der Männer zu mir, sprang hinter mir auf und ab, indem er eine Art Indianergeheul anstimmte. Zuerst machte er sich über mich lustig, aber plötzlich wurde er irgendwie ernst, sang jetzt ein Lied ohne Worte und

tanzte hinter mir her. Auch der andere Mann und die junge Frau kamen dazu. Zu viert tanzten wir im Kreis herum. Dann stieg ich über den Getreidekreis und verließ die Kreuzung. »He, du kannst doch jetzt nicht einfach abhauen!«, rief einer der Männer. Ich lachte. Sie verließen den Kreis. Autos fuhren langsam um diesen Ritualkreis herum.

Warum mache ich das? Ich erzeuge Wärmefelder, magische Gewebe, die australischen Aborigines würden es vielleicht »songlines« nennen. Ein Ort wird geehrt, respektiert und in seiner Bedeutung erkannt. Menschen verbünden sich mit diesem Ort und die Erlebnisse, die sie dabei haben, werden zu Songlines, zur gesungenen spirituellen Geschichte der Menschen. Indem ich mich mit einem Ort verbünde, die Schönheit aufsteigen lasse, sie feiere, verbünde ich mich mit der Kraft der Erde, der Luft, dem Freudenfeuer, den Strömen in der Erde und in mir. In Verbundenheit entsteht Schutz.

Jeder Ort, den ich besuche, enthüllt mir seine geheime Landkarte, seine magische Struktur. Und an jedem Ort beginne ich irgendwann, Kontakt mit den spirituellen Kräften aufzunehmen, sie rituell zu feiern und Wärmefelder zu erzeugen. Diese Ebene der spirituellen Energie liegt wie eine feine Gewebsschicht unter der sichtbaren und greifbaren Ebene der Materie. Bei uns ist es mittlerweile üblich, dass die materielle Ebene als Realität gilt und die spirituelle als Blödsinn. Darum kann ich mich natürlich nicht kümmern. Auch wenn du die Sonne nicht siehst, auch wenn sie von Wolken verhangen ist, scheint sie doch jeden Tag und niemand kann behaupten, dass sie etwa nicht mehr existiere. Nur weil ich kein Chinesisch spreche, kann ich nicht behaupten, dass Chinesen keine Sprache haben. Ich verstehe sie halt nicht. So ist das mit der Sprache der Erde, mit der feinstofflichen Sprache aller Wesen, der Pflanzen, der Steine, der Tiere. Ich weiß eigentlich gar nicht, warum viele Wissenschaftler so eine Angst vor dem »Irrationalen« haben, warum sie sich so anstrengen, ja nicht in die Nähe dieser gefährlichen Energie zu geraten, und warum sie sich solche Mühe geben zu versichern, dass feinstoffliche Energien und ihre Wirkung auf die materielle Welt esoterischer Quatsch seien. Wodurch fühlen sie sich bedroht? Was könnte da aufleben? Oder ist es nicht vielmehr so, dass uns diese innige Beziehung zur Natur, zu allen Wesen geraubt wurde, um uns den herrschenden Systemen gefügig zu machen? Wer spielt, wer Freude hat, ist nicht so leicht zu beherrschen.

Ich experimentiere. Zum Beispiel habe ich festgestellt, dass Mimosen zwar ihre Blätter einrollen, wenn man sie mit dem Finger berührt, nicht aber, wenn ich sie mit der Zunge berühre. Sie schützen sich vor Angriff, aber offenbar nicht vor Zärtlichkeit. Ich habe beobachtet, dass eine Pflanze ihre Blätter hängen ließ, als ihr Nachbar, der Hibiskus, vom Sturm vom Fensterbrett gefegt wurde; als ich den Hibiskus wieder neben sie stellte und sanft auf die beiden Pflanzen einredete, stellten sich die schlaffen Blätter wieder auf. Im Zoo signalisierte ich einer Giraffe, in deren Zähnen sich ein Strohhalm verfangen hatte, den sie nicht mit der Zunge entfernen konnte, so sehr sie sich auch mühte, dass sie nur den Kopf zu mir neigen brauchte, dann würde ich den Halm herausziehen. Sie sah mich an, neigte den Kopf und ich zog den Halm heraus. Sie kam noch einmal nah an mein Gesicht, wie um es sich einzuprägen, dann ging sie weg. Kommunikation ist möglich. Wir sollten endlich anfangen, die tieferen Schichten von Wirklichkeit, die Energieebene aller Lebewesen und Dinge wahrzunehmen und zu achten. Denn wenn wir uns verbünden können, haben unsere Aktionen mehr Wirkung.

Ich webe meine Netze auch virtuell. Eine Frau schickte mir eine E-Mail: Ganz schön mutig, dein Internet-Tagebuch. Ich hätte da Angst, Leuten so viel über mich zu erzählen. Daran denke ich, als ich den Computer anwerfe und ein paar obszöne Mails und eine Aufforderung entferne, an eine betrügerische Firma zehntausend Euro zu zahlen. Das Netz, das Internet, ist voll von räuberischen, bedrohlichen, ausbeuterischen Energien, doch es ist auch anregend, es verbindet Menschen überall auf der Welt und es verlangt Wachsamkeit und kritische Distanz. Ich fühle mich nicht mutig, eher transparent. Ich schreibe in meinem Internet-Tagebuch über meine Bedürfnisse und Erlebnisse in dem Bewusstsein, dass alle Menschen ähnliche Erfahrungen machen. Wozu sich größer oder kleiner machen? Wir sind alle ziemlich gleich, es mag ein paar individuelle Unterschiede geben, doch hängen wir alle von Luft, Wasser, Nahrung, Körperwärme und Verdauung ab. Wir haben unsere kleinen peinlichen

Geheimnisse, sind manchmal feige und manchmal überraschend beherzt.
Die Offenheit, die durch die Präsenz im Internet entsteht, ist auch ein Schutzschild. Denn sie ist nicht meine vollständige Wirklichkeit, nur ein Teil, den ich gestalte, eine der vielen Schichten, die ich forme und zeige. Sich bewusst zu zeigen und bewusst einen Teil der Wirklichkeit zu verbergen sind ein Ausdruck von Eigenmacht, aber auch von Gestaltung und Fantasie. Ich entscheide, was ich sichtbar mache. Wirklichkeit wird so zur Wirklichkeitsprojektion, zu einer Spiegelung der vielen Wirklichkeitsebenen.
So arbeitet Magie und so arbeitet Kunst. Es gibt eben nicht nur eine Wirklichkeit (wir sprechen ja meistens von der optischen Wahrnehmung, wenn wir Wirklichkeit meinen), sondern viele Ebenen, die der Sinne, der Erinnerung, der Träume, der körperlichen Reaktionen …
Manchmal gleicht das Netz einem Spinnennetz – man berührt nur einen Faden, wird erkannt, eingefangen und ausgeraubt. Wir sehen etwas im anonymen Cyberraum, was sich sonst in den Hirnen abspielt, was uns verborgen bleibt, bis es in einem zerstörerischen Akt nach außen bricht. Das Internet macht vielleicht zum ersten Mal sichtbar, wie gestört und zerbrochen, wie fantasievoll und vielseitig Menschen sind. Was vorher verborgen in der Dunkelheit der geheimen Wünsche und Lüste ungestaltete, unbekannte Gefahr war, hat im Internet Bilder und Sprache gefunden (und wird so auch zu einer gigantischen Perversionsindustrie). Die Sehnsüchte der Menschen heute bleiben die gleichen, die sie wohl schon

immer waren. Menschen brauchen menschliche Wärme, sie wollen Sex haben, sie wollen möglichst gesund sein und sich gelegentlich auch mal mächtig fühlen. Wenn sie gedemütigt werden, wollen sie sich rächen, Gewalt ausüben. Sie wollen Arbeit oder wenigstens Geld haben, manche wollen darüber hinaus auch noch Macht und alles zerstören, weil sie selbst zerstört wurden.

Frauen sind – ob im Islam oder in der so gepriesenen aufgeklärten westlichen Zivilisation – noch immer so konditioniert, ihre Bedürfnisse zu verkleiden und zu verstecken. Sie sollen hoffen, dass jemand kommt, diese Bedürfnisse erkennt und sie dann erfüllt. Denn eine Frau, die sich erobert, was sie will und braucht, wird als bedrohlich empfunden. Sie wird beschimpft und kritisiert – auch und gerade von Frauen.

Es mag einmal eine Generation gegeben haben, meine eben, die sich gegen Gehorsam und Autorität aufgelehnt hat. In der jüngeren Generation übt man sich in Anpassung, Ordnung und Unterwerfung unter die herrschenden Spielregeln. Diese Haltung erhöht die Gefahr, abgezockt oder verletzt zu werden. Wie Margarete Mitscherlich, die Psychoanalytikerin, feststellte, ist der absolute Gehorsam, den sowohl Kirche als auch Staat in patriarchalen Gesellschaften forderten (und noch fordern), die Ursache für Katastrophen wie den Holocaust, Kriege, Unterdrückung von Frauen, Gewalt gegen Kinder.

Wer sich schützen will, muss es wagen, frechen Widerstand zu leisten, Forderungen nicht zu erfüllen, Erwartungen zu ignorieren.

Aus dem Tagebuch einer Fee

Sonntag
Vielleicht habe ich einen Fehler gemacht, als ich dem Mann seinen Wunsch erfüllte, aber er war so verzweifelt und gleichzeitig so bereit, an ein Wunder zu glauben. »Wenn ich Geld hätte, wäre alles anders«, sagte er. »Ich gewähre dir einen Wunsch«, sagte ich. Er sah mich an, natürlich sah er mich nicht, das bin ich gewöhnt, dass ich nicht erkannt werde. »Wenn ich einen Wunsch frei hätte«, sagte er, »würde ich mir viel Geld wünschen.« – »Vergiss das Beste nicht«, sagte ich. Aber er war so mit seinen Illusionen beschäftigt, dass er mich gar nicht wahrnahm. Ich hatte ihm einen Wunsch versprochen, also sorgte ich dafür, dass er zu Geld kam. Was passierte? Heute wurde er erschlagen in seiner Wohnung gefunden. Ich verstehe die Menschen nicht. Sie wünschen sich den Untergang. Nicht einmal sich selbst kennen sie. Dieser Mann prahlte mit seinem plötzlichen Reichtum, er lud seine Freunde zum Trinken ein und machte sich über sie lustig. »Ihr bringt es nie zu etwas«, sagte er. Ich dachte: Na ja, du allein hättest es wohl auch zu nichts gebracht. Aber ich darf ja nichts sagen. Und wenn ich

schon mal etwas sage, dann werde ich gar nicht gehört. Denn niemand glaubt an mich.

Dienstag
Ich frage mich, ob meine Arbeit überhaupt sinnvoll ist. Die junge Frau, die sich einen Freund gewünscht hat, weint sich jetzt die Augen aus. »Wünsche weise«, sagte ich noch. Doch sie hörte mich nicht. »Ich will einen Freund, irgendeinen. Ich will einfach einen Mann. Ich will, dass mich einer wahrnimmt und will.« – »Wunsch erfüllt«, sagte ich. »Nicht den«, rief ich noch, aber sie hörte ja nichts. Ich habe eine Depression. Hoffentlich wünscht sich nicht noch jemand etwas vor dem Kongress der Feen, Devas und Bodhisattvas am Wochenende.

Freitag
Heute hat sich der Mann von einem Hochhaus gestürzt, dem ich am Mittwoch den Lottogewinn gewährte. Er saß vor dem Fernseher und bekam keine Luft mehr vor Freude und Überraschung. Dann rief er seine Familie und seine Freunde an. Gestern konnte er sich nicht mehr retten, Menschen stürmten seine Wohnung und wollten Geld von ihm. Ich hätte ihm sagen können, dass die meisten Menschen, die ein Problem haben, mit Geld noch ein Problem mehr bekommen, doch erstens hört mir niemand zu und zweitens würde das sowieso niemand glauben. Geld scheint den Menschen für alles die Lösung, aber alle Menschen, die zu Geld kommen, sehnen sich nach dem einfachen Leben, nach der Intensität,

die sie vorher verspürten. Plötzlich müssen sie sich mit Anlageberatern, mit dem Finanzamt, mit falschen Freunden, mit Geschäftemachern abgeben. Wo Geld ist, will jeder mitverdienen. Als ich diesen Job annahm, wusste ich zwar, dass Menschen große Probleme haben. Doch ich dachte, sie greifen gelegentlich auf ihre Wahrnehmungsorgane und auf ihre zerebralen Kombinationsfähigkeiten zurück. Nein. Sie laufen mit offenen Augen in ihr Unglück, und wenn sie dann am Boden sind, überlegen sie nur fieberhaft, wem sie die Schuld geben könnten.

Sonntag
Der Kongress hat gezeigt, dass meine Erfahrungen keine Ausnahme sind. Die Bodhisattvas sind niedergeschlagen. Sie haben sich noch einmal reinkarniert, obwohl sie die Wahl hatten und glückselig in der universellen Energie surfen könnten. Sie wollten den Menschen helfen und mit ihrer Liebe und ihrem Mitgefühl das Leben der Menschen erleichtern. Sie erleben jedoch oft nur Gewalt, Neid, Gier, Hass. Sie gehen natürlich dorthin, wo sie sich gebraucht fühlen. Davon halten wir Feen nichts. Wir gehen nur dorthin, wo wir gerufen werden. Ich glaube, niemand sollte sich in ein anderes Leben einmischen, ohne gerufen zu werden.

Ich hatte immerhin eine schöne Geschichte zu berichten. Ein kleines Mädchen weinte um seine Katze, die seit Wochen verschwunden war. Ich konnte sie finden und ihr zurückbringen, denn das war ihr sehnlichster Wunsch.

Ja, sie sah mich sogar. »Wenn du eine Fee bist«, sagte sie, »dann bring mir meine Katze wieder. Wahrscheinlich ist sie irgendwo verirrt und will zu mir zurück, findet aber den Weg nicht.« Erstaunlich, dieses Mädchen! Denn fast genau so war es. Die Katze hatte sich verlaufen. Eine Frau hatte sie gefunden und eingesperrt. »Frische Luft!«, hauchte ich. Sie öffnete das Fenster und die Katze konnte loslaufen. Das Mädchen war überglücklich. Ich schwebte davon, endlich einmal hatte meine Arbeit einen Sinn.

Eine Kollegin berichtete von einem Mann, der sich sehnsüchtig eine Arbeit wünschte, zu der sie ihm schließlich verhalf. Zuerst war alles wunderbar, dann hatte er vergessen, dass er sich einmal eine Arbeit gewünscht hatte, und verfluchte jeden Tag an dieser Arbeitsstelle und die Menschen, mit denen er arbeiten musste. Er wünschte sich nun genau das, was er vorher gehabt hatte. Er wollte den ganzen Tag frei sein. Das Geld, das ihm zuvor gefehlt hatte, schien ihm nun nicht wichtig.

»Was hast du gemacht, hast du ihm geholfen?«, fragten wir.

»Na ja, ich fühlte mich verantwortlich«, sagte die Kollegin. »Ich verhalf ihm zu mehr Freizeit. Aber was glaubt ihr?«

Ich wusste es.

Wir sind nicht verpflichtet, Wünsche zu erfüllen. Und schon gar nicht müssen wir Wünsche gewähren, die anderen Wesen schaden. Es gibt dennoch schwarze Schafe, gefallene Engel, die auch zerstörerische Wünsche zur Erfüllung annehmen. Wir hatten einen Workshop mit dem Thema: Müssen wir die Menschen vor ihren Wünschen beschützen? Sind die Menschen für ihre Wünsche verantwortlich oder tragen wir Feen eine Mitverantwortung, wenn wir ihnen helfen. Wenn wir ihnen nicht helfen, wer dann? Sie kennen nur ihre Welt. Sie denken, es gibt sonst nichts. Sie sind also ahnungslos. Wie sollen sie das Leben meistern ohne Wahrnehmung? Sie sehen alles und sie tun, als sähen sie nichts. Sie hören alles und hören doch nichts. Sie nehmen die Qualen wahr und glauben, Qualen seien nötig. Leid sei gut. Wenn sie erloschen sind, wundern sie sich, dass sie niemand dafür lobt. Ihre eigene Verantwortung kennen sie nicht. Sie wünschen und wenn der Wunsch zu Verwicklungen und Leiden führt, machen sie die Feen verantwortlich, weil sie selbst für keine ihrer Handlungen Verantwortung übernehmen wollen.

Eine Feenkollegin erzählte uns zum Schluss eine Geschichte, die uns alle erheiterte. Sie kam zu einem älteren Ehepaar und sagte: »Ihr wart ein Leben lang treu und gut zueinander, jetzt habt ihr einen Wunsch frei.« – »Ich war in meinem ganzen Leben noch nie am Meer«, sagte die Frau. »Es wäre schön, wenn ich mal ans Meer fahren könnte.« – »Wunsch gewährt«, sagte die Feenkollegin und die beiden Alten saßen am Meeresstrand. »Und du, was wünschst du dir?«, fragte sie den Mann. »Ich wünsche mir eine dreißig Jahre jüngere Frau«, sagte der. »Gewährt«, sagte die Fee. Und schon war er neunzig.

Neulich sah ich eine Leuchtschrift: Protect me from what I want. Jenny Holzer. Ich machte mich gleich an die Arbeit.

Dienstag, Neumond
»Du hast drei Wünsche frei«, sagte ich, als die Frau mir direkt in die Augen sah.
»Ich möchte meinen Mann loswerden«, sagte sie, »sein Geld erben und aus diesem Scheißkaff wegziehen.«
Der Mann starb an einem Herzinfarkt, er war schon seit Jahren schwer krank, was sie nicht wusste. Sie erbte sein Vermögen, wie gewünscht, und verließ das Dorf, in dem sie mit ihrem Mann so unglücklich gewesen war. Während ich noch darüber nachdachte, wie es möglich ist, dass eine Frau so hell-sichtig sein kann, mich erkennt, die Wünsche wirklich ausspricht und dabei zu kurz-sichtig, dass sie das Beste einfach nicht aussprechen kann, verliebte sie sich in einen anderen Mann, der in kurzer Zeit ihr ganzes Vermögen durchbrachte.
Wir begegneten uns wieder, an einem grauen Tag, als sie eine Kerze anzündete und in sich ging. »Da hast du mir ja was Schönes eingebrockt«, fuhr sie mich an.
»Ich habe dir nur drei Wünsche gewährt«, sagte ich.
»Nur«, sagte sie, »mit diesen drei Wünschen bin ich direkt in die Hölle gefahren.«
»Du hättest ja auch etwas anderes wünschen können.«
»Du hättest mich beraten können«, sagte sie vorwurfsvoll.

»Ich bin keine Wunschberaterin, sondern eine Fee«, sagte ich. »Ich kann dir die Energie vermitteln, die deine Wünsche verwirklicht, aber ich kann dir nicht den Verstand geben, weise zu wünschen, das musst du schon selber tun.«

»Gewähre mir nie wieder einen Wunsch«, sagte sie.

»Dieser Wunsch soll dir gewährt sein«, sagte ich. Leider lachte sie nicht. Sie hatte keinen Humor.

Im Albtraum verglüht

Es war eine der ersten Schreckensgeschichten überhaupt, die ich in meinem Leben hörte. Es war ein Hörspiel. Ein Frauenmörder trieb sein Unwesen in einer amerikanischen Kleinstadt. Alle Frauen hatten panische Angst, wagten es nicht mehr, nachts allein irgendwo hinzugehen, und verbarrikadierten sich in ihren Wohnungen und Häusern. Eine Bibliothekarin musste nach der Arbeit nach Hause gehen. Es war schon dunkel. Sie hatte kein Auto, um nach Hause zu fahren. Sie hatte niemanden, der sie beschützen konnte. In Todesangst hetzte sie zu ihrer Wohnung. Starr vor Angst fummelte sie den Schlüssel ins Schloss, hörte sie nicht schon die Schritte des Mörders hinter sich? Endlich öffnete sich die Tür. Sie sprang in die Wohnung, schlug die Tür hinter sich zu – gerettet. Und da löste sich aus dem Schatten des Vorhangs eine Gestalt ... Wir hörten dieses Hörspiel und gruselten uns schier zu Tode. Wagten nicht mehr, allein im Zimmer zu schlafen, drängten uns zu dritt, meine Schwester, meine Freundin und ich, in einem Bett zusammen. Albträume suchten uns heim. Was, wenn ... Heute löst so eine Geschichte bei mir gar nichts aus. Ich bin in meinem Leben durch so viele Schrecken gegangen und habe gelernt, mich den Schrecken zu stellen, dass sogar eine wirkliche Bedrohung kaum Aufregung in mir erzeugt. Dieses Phänomen kenne ich allerdings auch von anderen Menschen. Nicht die wirklichen Gefahren erzeugen Grusel und Panik, sondern die imaginierten. Und wieder einmal zeigt sich: Die Fantasie ist wesentlich mächtiger als die Wirklichkeit. Die eigentliche Gefahr, die größte Bedrohung findet im Kopf statt. Wer also die Fantasie der Menschen steuern kann, wer Ängste hervorrufen, Panik auslösen, Schrecken verbreiten und Starre bewirken kann, hat die Macht, eigene Ziele durchzusetzen. Im Albtraum verglüht, leistet niemand mehr Widerstand.

Die Ängste, von denen Menschen geplagt werden, entsprechen in den allermeisten Fällen nicht den Gefahren, denen sie wirklich ausgesetzt sind, das zeigen alle Statistiken. Die Menschen, die am meisten Angst vor Krieg haben, sind am wenigsten davon betroffen. Während also in Deutschland viele Menschen nachts nicht mehr schlafen können, weil sie sich vorstellen, es könnte zu einem neuen Weltkrieg kommen, finden ständig Kriege dort statt, wo die Bevölkerung nicht einmal Zeit hatte, darüber nachzudenken. Eine Statistik der Gewalttaten in New York und der Ängste der Bevölkerung zeigt, dass alte Menschen, vor allem alte Frauen, am meisten Angst haben, einem Gewaltverbrechen zum Opfer zu fallen; jugendliche Bandenmitglieder, die davon am meisten betroffen sind, die tatsächlich ermordet werden, haben am wenigsten Angst davor.

Dass es in Deutschland so viele Frauen gibt, die Angst vor Schlangen haben und allein bei der Vorstellung, einer zu begegnen, Schweißausbrüche bekommen, ist schon kurios. Die Wahrscheinlichkeit, einer Schlange zu begegnen, ist vermutlich noch geringer, als zweimal hintereinander von einem Ziegelstein getroffen zu werden, der gerade vom Dach fällt. Das beruhigt aber keine Frau, die Angst vor einer Schlange hat. Auch das Grauen vor Spinnen lässt sich durchaus ohne die Anwesenheit dieses Tiers erzeugen. In modernen Häusern ist zu wenig Luftzirkulation, als dass sich Spinnen dort wohl fühlen könnten. Daraus könnte eine Frau mit Spinnenphobie schließen, dass sie dort sicher sei. Das Gegenteil ist der Fall. Die Abwesenheit der Spinne signalisiert ihr ja eigentlich: Hier ist die Atmosphäre, die baubiologische Qualität für mich zu schlecht, wie kann sie für dich gut sein? Die Anwesenheit einer Spinne wäre also durchaus ein Zeichen für lebbare gute Energie.
Es gibt Ängste, die wir brauchen, um zu überleben. Der Schock vor dem vorbeirasenden Auto, wenn wir gerade die Straße betreten, die Angst vor großer Höhe, das Zurückzucken vor einer heißen Herdplatte, der Schrecken vor einem nächtlichen Knall – das alles sind Urmechanismen, die uns in der menschlichen Frühgeschichte wohl vor tödlichen Gefahren retteten und auch heute unter Umständen wichtig sein können. Selbst die Angst vor Schlangen, Spinnen, Kriechtieren stammt noch aus diesem alten Gefahrenabwehrmechanismus. Interessanter noch ist die Angst vor Schleimigem, vor glitschigen

Gegenständen, ja sogar die Angst vor dem Zahnarzt – nicht selten (aber auch nicht immer) ist sie ein später Reaktionsmechanismus auf sexuelle Attacken in der Kindheit.

Es ist nicht gerade einfach, alte tiefsitzende Ängste aufzulösen. TherapeutInnen, PsychiaterInnen, HeilerInnen versuchen sich daran, nicht allen gelingt es, den Sicherheitswall, der sich mit der Zeit um das Urereignis gebildet hat, aufzulösen. Wie also sollen wir mit diesen Ängsten umgehen?

Ich war ein sehr ängstliches Kind, ich war körperlich schwach und anfällig, klein, mager und hatte sexuelle Attacken meines Vaters erlitten. Daraus folgte eine ganze Flut von Albträumen. Ein immer wiederkehrender war, dass ich von einem Erdrutsch verschüttet wurde, dass ich erstickte, weil sich mein Mund mit Erde füllte. Bis ich ungefähr zwanzig Jahre alt war, wurde ich von Ängsten verfolgt, die ich allerdings immer wieder zurückdrängte. Ich trampte mit meiner Schwester nach Paris, nach Schweden – ohne Angst. Mein Problem waren die Ängste, die aufstiegen, sobald ich entspannt war, schlafen wollte. Und so fing ich an, mit diesen Ängsten umzugehen: Ich bereitete mich darauf vor, mit ihnen zu sterben. Ich ging nachts in den Wald, den ich tagsüber sehr gut kannte, in der festen Überzeugung, da entweder nicht mehr lebend oder frei von Ängsten herauszukommen. Es wurde die Nacht meiner Befreiung. Mit meinem Leben hatte ich abgeschlossen. Ich war von meiner Angst so überwältigt, dass es keine Steigerung mehr gab.

Ich atmete praktisch nicht, weil das Geräusch des Atems ja das Geräusch des Angreifers übertönt hätte. Kein Angreifer kam. Nach ein paar Stunden Atemlosigkeit fing ich todesmutig an, laut zu atmen, um endlich wieder Luft zu bekommen. Nichts geschah. Ein feines Geräusch erregte meine Aufmerksamkeit. Je länger ich hinhorchte, umso klarer wurde mir, dass das kein Mensch sein konnte. Ich dehnte meine Wahrnehmung aus, spürte die zarte Energie und dann konnte ich auch das Reh sehen, das auf die Lichtung ging. Lange standen wir so, ich an den Baum gepresst, das Reh frei in der Lichtung. Beide schutzlos. Und doch war das Reh ganz bei sich in seiner wachen Aufmerksamkeit, während ich aus dem Körper katapultiert bald hierhin, bald dorthin hetzte, um zu fühlen, von wo die Bedrohung kam. Das Reh fing gemütlich an zu fressen. Ich entspannte mich. Das Reh war mein Sensorensystem. Wenn das Reh weglief, musste ich aufpassen. Dieses zarte, schwache Reh wurde zu meiner ersten verbündeten Kraft. Es setzte seine Energie nur da ein, wo es nötig war. Zeigte es mir nicht eine Art Urvertrauen, indem es zugleich gelassen fraß und aufmerksam und wach die Atmosphäre überprüfte? Es traf keine Vorsorge, mochte da ein Jäger irgendwo sein. Es lebte, es fraß.

Ich folgte dem Beispiel des Rehs – ich lebte, ich erfüllte meine Bedürfnisse. Eine traurige Erkenntnis blieb: Ich war kein schutzloses Kind mehr und das Schlimmste hatte ich wohl überstanden. Ich lernte, Gefahren einzuschätzen, mich zu schützen, mich nicht mit Horrorgeschichten in Angst zu versetzen, zu lachen, Lasten abzuschütteln, unverschämt zu sein.

Das nächste Tier, bei dem ich in die Lehre ging, war eine Drachin. »Du Drak!«, hatte meine Oma immer zu mir gesagt. Drak, das ist ein Drache. Ich weckte die Drachinnenkraft. Spielerisch begann ich, meine Kraft auszuprobieren, Feuer zu spucken. Mich mächtig zu gebärden. Aus dem schwachen, körperlich anfälligen Kind wurde eine zornige junge Frau. »Sie haben ein Problem mit Ihrer Weiblichkeit«, sagte der Therapeut, den ich aufsuchte. »Ich habe ein Problem mit Ihrer Männlichkeit«, sagte ich und ging wieder. Der Albtraum wurde überlagert von Heldinnenträumen. Ich wurde zur Heldin meiner eigenen Mythengeschichte. Sanft und beharrlich webte ich den Mythos meines Lebens, das schillernde Kleid meiner Kraft in den Alltag, träumte mein Leben und begann, den Traum zu leben, umzusetzen, zu erwecken. In den Albtraum hineinzuhorchen, das Angstgefühl aufsteigen zu lassen, sich zu gruseln und zu fürchten, kann auch zu einer Sucht werden. Diesem angenehmen Nervenkitzel verdanken viele Horrorfilme und -geschichten ihren Erfolg, viele Politiker ihre rücksichtslose Politik. Denn wer sich gruselt, organisiert sich nicht, leistet keinen Widerstand, treibt willenlos im Schrecken. Doch auch der Widerstand kommt aus derselben Quelle wie das Gruseln: aus der Fähigkeit, ein Bild in der Fantasie zu gestalten und dieses Bild in die körperliche Wirklichkeit umzusetzen.

Ängste bevölkern die Fantasien am Tag und die Träume in der Nacht. Viele Menschen sind von ihren Ängsten so

geplagt, dass der Alltag für sie zur Folter wird. Eine Freundin kann nicht im Lift fahren. Eine andere bekommt im Auto auf der Autobahn Schweißausbrüche vor Angst. Wie kann ich die lebenswichtigen, nützlichen Ängste von den zerstörerischen unterscheiden und letztere abbauen?
So mache ich es:
- Ich liste die erlebten Gefahren auf.
- Dann schreibe ich meine größten Ängste auf.
- An dieser Stelle entdecke ich, dass sich die Ängste mit den Gefahren nicht decken.

Zum Beispiel hatte ich als junge Frau oft Angst, jemand könnte in meine Wohnung oder in das Ferienhaus eindringen. Dann malte ich mir in Einzelheiten aus, welche Schrecken aus dieser Situation erwachsen könnten. Anschauungsmaterial gibt es ja genug in den Medien. Tatsächlich musste ich mich nur einmal mit einem Eindringling beschäftigen, der allerdings mehr Angst hatte als ich.
- Die Ängste und Gefahren auf meiner Liste, die sich überschneiden, die eine reale Situation beschreiben, sehe ich mir genauer an.

Wie reagiere ich auf unerwartete Attacken, zum Beispiel auch von Menschen, die ich für meine Freunde gehalten habe? Wie kann ich lernen, schnell zu reagieren und einen Angriff auch körperlich erfolgreich zu parieren?
In meinem Fall war die Gefahr, durch meine eigenen Handlungen verletzt zu werden, zunächst größer. Ich ließ mich auf Situationen ein, die ich nicht bewältigen

konnte. Ich sagte zu, wo ich absagen musste. Ich wollte freundlich sein, wo ich klar und entschlossen sein musste. Ich traf fast alle Entscheidungen spontan, ohne meine Kräfte vorher einzuschätzen.

Ich musste also lernen, mich selbst gut kennenzulernen, zu mir zu stehen und beharrlich meiner Spur zu folgen, auch wenn mich die Menschen meiner Umgebung verspotteten, verunsicherten und mir nachweisen wollten, dass meine Spur Blödsinn ist. Ich musste die wirklich guten Ratschläge von den unbrauchbaren unterscheiden lernen. All das geht nur mit Experimentierfreude und Humor, wenn's mal schiefgeht. Und natürlich geht vieles schief. Daraus lernte ich mehr als aus theoretischen edlen Konzepten. Doch nach gelungener realistischer Einschätzung meiner Gefahrenpotenziale und meiner Fähigkeit, ihnen zu begegnen, nach gelungenen Trainingsmaßnahmen, einem Grundkurs in Wen-Do, wuchs ich mir selbst zu und gewann Vertrauen in meine eigene Kraft.

Ich reiste durch den wilden Süden Senegals. Eine Rebellion machte das Weiterkommen schwierig, immer wieder gab es Schießereien zwischen Rebellen und Militär in der Casamance, dieser wunderschönen, fruchtbaren Region. Der öffentliche Transport wird im Senegal mit Peugeot-Taxis organisiert. In jedem Dorf gibt es einen Gare Routière, einen Buschtaxiplatz, es ist jedoch auch möglich, unterwegs, wo es diese Plätze nicht gibt, auf der Straße ein Auto anzuhalten und zuzusteigen. Ich hatte in einem kleinen Dorf auf dem Dach eines Hauses übernachtet und machte mich jetzt zu Fuß auf den Weg zum nächsten Gare Routière. Ein alter klappriger Peugeot näherte sich. Ich hob die Hand. Das Auto hielt und nahm mich mit. »Nach Ziguinchor«, sagte ich. »Njatalay jar« (Wie viel kostet das)? Der Beifahrer lachte. »Ziguinchor ist gut«, sagte er, »da müssen wir auch hin.« Ich begriff, dass das gar kein Taxi war, und wollte aussteigen. Doch die beiden winkten ab. Ich solle ruhig bleiben. Das wäre schon in Ordnung. Ein Militärlastwagen mit einem Maschinengewehr auf einem dreibeinigen Ständer näherte sich. »Duck dich runter«, rief der Fahrer, »damit sie dich nicht sehen, sonst sind wir in der Scheiße.« Ich duckte mich, wir fuhren aneinander vorbei. Dann kam ich hoch und war wütend. Warum sollte ich mich ducken? Die beiden erklärten mir, dass sie Rebellen seien und mit einer weißen Frau im Auto wären sie vielleicht angehalten worden. Ich war sprachlos und das kommt bei mir nicht oft vor. Da wir mitten in der Pampa waren, konnte ich schlecht aussteigen, weil es noch gefährlicher gewesen wäre. Der Fahrer hielt sich auch nicht an die Route, sondern fuhr in westliche Richtung durch den Busch. Ich rechnete schon damit, entführt zu werden, und legte mir alle möglichen Argumente zurecht, warum das keine gute Idee wäre. Aber wir fuhren nur zur Mutter des Fahrers, wo wir eine wunderbare Mahlzeit bekamen. Während des Essens diskutierten wir die Lage. Der Fahrer wollte, dass ich die Sache der Rebellen veröffentliche, da ich doch Journalistin sei, wie er gerade von mir erfahren hatte. Ich sagte:

»Weißt du etwas von den Kindersoldaten in Liberia?«
Er wusste nichts. Ich versuchte, ihm zu erklären, dass es auf der Welt so viel Gewalt und Ungerechtigkeit gibt, dass sich kein Mensch dafür interessiere, wenn eine Region, die fruchtbar und schön ist, von Rebellen in einen Krieg verwickelt werde. Zwar wurde die Diskussion etwas schärfer, doch nach dem Essen fuhren die beiden mich in die Bezirkshauptstadt Ziguinchor und verabschiedeten mich wie Freunde.

Ich bin auf Reisen gelegentlich in unangenehme Situationen gekommen, jedes Mal durch mein Urvertrauen jedoch auch gut herausgekommen. Das hat damit zu tun, dass ich voll bei mir bleibe, die Situation immer neu einschätze, mich den Stimmungswellen entsprechend verhalte und die Flucht ergreife, sobald es möglich ist.

Kraftquellen

In einer Fernsehdiskussion, zu der ich eingeladen war, begegnete ich einer seltsamen Frau. Sie hatte in einer familiären Krise eine Hellseherin aufgesucht und die Vision der Hellseherin, die sie nicht kannte, von der sie nichts wusste, für bare Münze genommen. Was die Seherin sah, nahm sie als Wahrheit an und fing an, ihre Familie aufgrund dieser »Information« zu zerstören. Sie präsentierte sich in der Talkrunde als Opfer. Was nicht zur Sprache kam: Sie war auch Täterin. Sie selbst hatte keine Ruhe gegeben, bis jedes Mitglied ihrer Familie in den fürchterlichen Verdacht gezogen, zum Opfer oder zum Täter gemacht, »gereinigt« war. An den Visionen der Hellseherin war nichts dran und doch war an diesem »Nichts« die ganze Familie zerbrochen.

Dieses Beispiel zeigt gut, dass alles durchaus noch schlimmer kommen kann, wenn man in blinden Aktionismus verfällt. Wer in Not ist, muss sich sammeln, muss die eigenen Kräfte aktivieren, noch bevor Rat gesucht wird. Denn da, wo die Not am größten ist, tummeln sich die meisten Abzocker, Gauner, Gangster. Wer schon einmal nachts an einem fremden Flughafen angekommen ist und nicht abgeholt wurde, kennt das Gefühl: unvertraut das Land, die Sprache. Unbekannt die Menschen. Wohin gehen? Wem trauen?

Ich habe dieses Problem bei meiner letzten Reise nach Nigeria so gelöst. Es war dunkel. Tausende von »Taxifahrern« bedrängten mich. Ich setzte mich auf einen Stein und sagte: Ich bin noch nicht angekommen, wedelte mit den Händen und tatsächlich, sofort wurde mir etwas mehr Platz gewährt. Autoritäre Haltung wird überall verstanden. Nach einer Weile kam ein alter Mann und fragte: »Sind Sie jetzt angekommen?« Die Bedrohung hatte sich in einen Witz gewandelt. Ich fuhr mit ihm, weil ich dachte, mit dem einen alten Mann werde ich fertig, falls er frech wird. Tatsächlich fuhr er mich zum Hafen. Er zeigte auf die Mondfinsternis. Gerade schob sich der Mond wieder unter dem dunklen Schatten hervor. Ja, schön. Was ich tun würde, wenn er mich jetzt angriffe, fragte er. Ich sah ihn an: »Ich würde dich töten.« Er startete das Auto und brachte mich ohne weitere Verzögerungen zu einem kleinen Gästehaus, das ich kannte.

Die Kaltblütigkeit im Angesicht einer Gefahr erwuchs mir aus wirklicher Todesgefahr. Ich war dem Tod mehrere Male so nah gekommen, dass ich mich mit der Tatsache beschäftigen musste: Eines Tages werde ich sterben. Ich werde meine körperliche Hülle aufgeben und mich auflösen. Ob das vertrauensvoll oder wütend geschieht, ob ich kämpfen werde oder mich hingeben – ich werde ganz sicher sterben. »Sterben ist ganz einfach«,

sagte ein buddhistischer Lehrer, »bis jetzt haben es alle geschafft.« Darüber lachen wir, weil es den Druck des Todes für einen Augenblick von uns nimmt. Was dieser kleine Scherz jedoch nicht sagt, ist: Haben wir auch gelebt? Sterben können wir alle. Doch die große Kunst ist ja, vorher zu leben. Wie leben wir?
Eher zufällig kam ich an das Bild einer tibetischen Totendämonin. Eine Frau, die eine tibetische Galerie betreibt, konnte ihre Strom- und Gasrechnung nicht bezahlen. Die Mahnung kam gerade, als ich in ihrem Laden stand. Ich besah mir das Bild dieser tanzenden, lachenden Totendämonin und sie rief mir verzweifelt zu: »Ich brauche sechshundert Mark.« Ich winkte ab. »Leider kann ich mir das nicht leisten.« – »Das Bild ist zweitausend wert«, sagte sie, »aber ich gebe es Ihnen für sechshundert. Ich muss die Rechnung zahlen, sonst muss ich den Laden schließen.« Plötzlich war ich also an die Not dieser Frau gekoppelt, weil ich zufällig zum falschen Zeitpunkt am falschen Ort war? Ich hätte den Laden ja kommentarlos verlassen können. Doch etwas an dieser Situation interessierte mich. Ich telefonierte ein wenig hierhin und dorthin, lieh mir das Geld zusammen und radelte mit der Totendämonin nach Hause. Seither sitze ich oft morgens zehn Minuten vor ihr. Ich beginne, ruhig zu atmen, und mein Geist tanzt mit der Dämonin. Ich werde sterben. Lebe ich? Wie lebe ich? Von welcher Art ist meine Kraft? Was mache ich mit ihr? Wo bringe ich sie ein? Wo stockt sie? Wo behindere ich mich? Was ist überhaupt Kraft? Ist sie fühlbar? Heute fühle ich

mich so beschwingt. Das ist stärkende Energie. Heute bin ich so lahm, dass ich kaum einen Arm heben kann, was ist der Grund? Woher kommt die Einfärbung der Kraft? Warum kann ich den einen Tag lachen und den nächsten scheint mir alles bedrückend? Woher kommt die Richtung meiner Energie?

Die Dämonin lacht. Sie tanzt. Sie antwortet nicht. Alles dreht sich. Was ist der Sinn des Lebens? Wie kann ich meine Kraft fühlen? Ich muss niesen – ein Schub von Energie geht durch meinen Körper. Um meinen Körper aufrecht im Sitzen zu halten, muss ich Kraft aufwenden, der ich mir gar nicht bewusst bin. Im Hinterkopf nagt die Steuererklärung. Wie viel Kraft brauche ich allein dafür, sie immer noch nicht zu machen? Wo verliere ich Kraft? Woher nehme ich sie?

Die Frage nach dem Kraftverlust und damit der eigenen Gefährdung ist besonders interessant, weil bei einer derartigen Analyse sehr oft der Gedanke auftaucht: Das kostet Kraft, aber es macht ja auch Spaß. Klar nervt mich die, aber sie ist eben meine Freundin. Dazu habe ich eigentlich keine Lust, aber ich kann nicht absagen. Ich wäre gern allein, aber ich lebe nun mal mit ihm. Das ist die direkte Form der Wahrnehmung von Kraftaufwand oder Kraftverlust.

Komplizierter wird es bei Gedanken wie: Das hat er nicht so gemeint. Er wurde als Kind geschlagen. Hier wird das eigene Bedürfnis zensiert und der Täter in Schutz genommen. Fast alle gewalttätigen Männer können mit dem Verständnis ihrer Opfer rechnen. Er kann nicht anders. Hinterher fällt er auf die Knie, weint und bittet mich um Verzeihung. Er ist gar nicht bei sich, wenn er mich schlägt. Er weiß nicht, was er tut.

Geht eine Frau zu einer Kraftquelle, taucht fast immer der Gedanke auf: Das ist egoistisch von mir. Das darf ich nicht. Ich sollte mich nicht so wichtig nehmen. Wenn ich stark bin, nehmen mir die anderen das übel.

Das Problem ist also nicht so sehr, Kraftquellen zu finden. Die sind überall und oft sehr leicht erreichbar. Doch die Selbstzensur, der Selbsthass, die Verknotung von Bedürfnis und Verbot, Leiden und Befriedigung verhindern, dass Freude und Lebenslust als natürliche Kraft gesehen werden. Der einfache Vorgang des Kraftaufnehmens wird verhindert und unmöglich gemacht.

Ich war mit meiner besten Freundin und einer weiteren gemeinsamen Freundin auf einer Reise durch den Südwesten Amerikas. Wir hatten ein Gefühl von übermütiger Freiheit. Entdeckungslust und Lebensfreude prägten jeden einzelnen Reisetag. Auf der Spur der nordamerikanischen Urbevölkerung genossen wir intensive Gespräche, gutes Essen und spielerische Leichtigkeit. Am letzten Tag sagte meine Freundin: »Am liebsten würde ich gar nicht mehr heimfahren. Hier ist alles so leicht, so selbstverständlich.« – »Nimm das Gefühl mit nach Hause«, sagte ich. »Lass es zu, dass du das Leben genießt.« – »Das kann ich nicht, da fühle ich mich rücksichtslos und egozentrisch«, sagte sie, »es ist wie ein inneres Verbot.« – »Wer könnte etwas davon haben, dass du leidest?«, fragte ich. – »Wenn ich leide, habe ich recht«, sagte sie doch glatt. Darüber denke ich seither nach. Wer leidet, ist Opfer, ist nicht Täter, also unangreifbar. Deshalb ziehen sich vermutlich viele Frauen in die Opferhaltung zurück. Sie beziehen ihre Kraft aus dem Opfer-Sein. Nur ist das leider keine wirkliche Kraft. Es ist nur der schwache Abglanz von wirklicher Seelennahrung. Diese Kraft nährt nicht, sie zerstört. Sie entzieht Lebensenergie.

Die eigenen Kraftquellen zu finden ist die wahre Abenteuerreise. Anstatt eine weitere Urlaubsreise anzutreten, bei der es vielleicht zu Reibereien, zu Enttäuschung und einem überzogenen Bankkonto kommt, könnte man genauso gut die Reise zu den eigenen Kraftquellen antreten. Wo fühle ich mich bestärkt? Wo geht es mir gut? Wo atme ich auf? Wo steigt Fröhlichkeit auf in mir? Wo habe ich etwas zu lachen? Welche Dinge liebe ich? Was tue ich gern? Was bereitet mir Lustgefühle?

Mag sein, dass da nicht sofort ein paar Assoziationen auftauchen. Doch wenn diese Fragen zur Lebensfrage werden, wenn es wirklich darum geht, sie zu beantworten, verändert dieser Weg das ganze Leben. Er führt zuerst zu den Hindernissen. Wer hat diese Hindernisse in den Weg gestellt? Wie? Wer hat gesagt, ich soll mich nicht so wichtig machen? Wer hat gesagt, eine Frau, die ihre Lust lebt, ist eine Hure? Wer hat gesagt, meine Bedürfnisse sind nicht so wichtig? Wer bestimmt über meine Zeit? Wer zieht meine Fäden? Wer drückt meine Knöpfe, lässt mich weinen, erschrecken, flach atmen, den Mut verlieren?

Der erste Schritt auf dem Weg zu den Quellen der eigenen Kraft: das Hindernis benennen, wo es auftaucht. Das darf ich nicht. Das ist unanständig. Das ist lächerlich. Was sollen die anderen denken? Benennen, was ist – das stellt die Weichen. Die ersten Hindernisse kommen meistens von innen. Verinnerlichte Verbote, Selbstzensur. Mach dich doch nicht lächerlich. Lehne dich nicht zu weit aus dem Fenster.

Wer sichtbar wird, muss allerdings auch die Kraft trainieren, diese Sichtbarkeit zu verteidigen. Deshalb ist es gut, den Weg zur eigenen Kraft gemächlich anzugehen. Eben: Wahrnehmen, was ist. Die vielen Verbote zur Kenntnis nehmen. Heiterkeit entwickeln. Aaah, so haben sie das gemacht. Sie haben mir gesagt, ich sei eine Hure und damit habe ich meine sexuelle Potenz verloren. Ich gebe mich hin und spüre nichts. Ich mache mich sexuell attraktiv, aber nicht für mich selbst. Für andere. Ich verkaufe mich. Mein Körper für etwas materielle Sicherheit. Mein Leben für gesellschaftliche Anerkennung. Hauptsache, ich habe einen Partner. Ich gebe meine sexuelle Energie, meine Lebenskraft, meine Fähigkeiten, damit er bei mir bleibt. Aber – macht mich nicht das genau zur Hure im wahrsten Sinn?

Wahrzunehmen, was ist, ohne sich Vorwürfe zu machen, ohne in die Falle des Selbsthasses zu gehen, ist die größte Kunst, deshalb darf man sich auch nicht wundern, wenn es nicht gleich gelingt. Die eigenen Verwundungen anzusehen, ohne verzweifelt zusammenzubrechen, ist das Schwerste, deshalb ist es gut, Mitgefühl mit der eigenen

Verletzlichkeit zu entwickeln. Jetzt kümmere ich mich um das Kind, das ich war und das verletzt wurde. Jetzt halte ich mich und wiege mich und liebe mich. Jetzt lasse ich mich nicht mehr im Stich, denn ich sehe, was los ist. Wer dafür kein Verständnis hat, kann nicht in meiner Nähe weilen.
Ich sehe meine eigene Verletztheit und meine Augen öffnen sich für die Verletzungen der anderen. Während ich vorher Spott und Hass verbreitet habe, weil mich jede Erfolgsgeschichte der anderen auf meinen eigenen Misserfolg zurückwarf, sehe ich jetzt mit den Augen der Selbstliebe: Sie sind so verletzt worden wie ich auch. Liebe deinen Nächsten wie dich selbst, sagt die Bibel. Wie dich selbst. Liebe dich selbst, denn dann kommt die Liebe zu den Nächsten von allein. Während ich meine Wunden heile, verströmt heilende Energie.
Da saß dieser Typ in der S-Bahn. Es war die letzte Bahn und seit Jahren habe ich einfach keine Angst mehr vor so einer Situation entwickeln können. Doch in dieser Nacht ist es anders. Der Mann ist eine lebende Bombe. Er zittert vor Hass, er strömt Verachtung und tödliche Verwundung aus und er ist nicht gerade klein und schwach. Er starrt mich an. Wir sind die letzten Fahrgäste, die Bahn ist zwischen zwei Bahnhöfen und er sitzt zwischen mir und dem langen Weg nach vorn zum Fahrer. Diesen Mann kann ich nicht lieben, tut mir leid. Er ist widerlich und furchterregend. Er ist ein Mensch wie du. Er war mal ein Kind, ein süßes Kind vielleicht. Dann hat ihm jemand sehr wehgetan. Das kann ich fühlen.

Egal, er starrt mich an und gleich wird er aufstehen und zu mir gehen.

Ich stehe auf. »Hallo«, sage ich. »Ich heiße Luisa. Du starrst mich an, willst du mir etwas sagen?« – »Halt's Maul, Votze«, sagt er. Ich nicke. »Okay«, sage ich und gehe an ihm vorbei. Ganz nach vorn. Setze mich mit dem Rücken zu ihm. Keinen Augenkontakt. Das Echsenauge schärfen, das am Hinterkopf die Atmosphäre scannt. Ich atme aus und ziehe die Kraft in mir scharf. Der Zug hält. Ich bin angekommen. Ich steige aus. Er steigt aus. Er geht vor mir. Ich bleibe hinter ihm. Ich baue die Kraft der Göttin Kali auf. Die Zerstörerin, die Dämonenfresserin manifestiert sich in meinem Körper. Ich fühle meine Muskeln, meinen Atem, mein Blut. Ich springe kurz hoch und lande in meiner Entschlossenheit. Er geht schneller. Er biegt nach links ab – jetzt nicht der Versuchung folgen, ihm Angst zu machen. Ich biege rechts ab. Verschmelze mit dem Schatten eines Hauses, fühle, wie ich in die universelle Dunkelheit sinke, eins mit dem Nichts.

Wenn die persönliche Situation geklärt ist, alle Gefahren, alle Wonnen, alle Freuden, alle Frustrationen sichtbar sind, stellt sich eine Kraft ein, die mehr als alle anderen nährt und stärkt: das Urvertrauen.

Das Urvertrauen besteht einerseits aus dem Instinkt, der mir signalisiert: Auch wenn dich alle auslachen, lauf jetzt sofort weg, geh nicht mit denen, setz dich dieser Situation nicht aus, sag diese Einladung ab usw. Andererseits ist es diese heitere Kraft, die mir sagt: Du bist gehalten. Du bist Teil dieser Erde, Teil von allem. Du kannst nicht aus der Welt fallen. Du bist nicht größer, nicht kleiner, nicht wichtiger, nicht unwichtiger als alles andere, auch wenn viel getan wird, um den Eindruck zu erwecken, man könnte solche Einteilungen machen.

Alles ist eins – das hört man oft in spirituellen Kreisen. Aber was bedeutet es? Wenn alles eins ist, wird alles von derselben Kraft gehalten, geformt, aufgelöst. Mit dieser Kraft in Verbindung zu sein, sie zu spüren, sie zu verstehen – daraus entsteht Urvertrauen, heitere Gelassenheit, entspannte Lebenslust.

Urvertrauen hat nichts mit Fatalismus zu tun – ich kann nichts machen, ich habe keine Kraft, ich ergebe mich in mein Schicksal. Vielmehr ist es eine lebendige Verbindung zu allen Kräften in der Natur, im Universum. Lebensfreude. Widerstandskraft. Was ich tun kann, tue ich. Was ich nicht beeinflussen kann, nehme ich wahr, bleibe wach und geschmeidig und reagiere auf meine Art.

Auf einem meiner einsamen magischen Streifzüge in den Bergen stieg ich in einem trockenen Bachbett auf. Da stand ein Mann, ein Bergsteiger anscheinend, der versonnen auf Pflanzen starrte. Für mich stand er da gut. Ich ging an ihm vorbei und weiter. Bei meinem Kraftplatz ließ ich mich nieder. Doch plötzlich stand der Mann vor mir und fragte mich, was ich da so allein vorhabe. Ich sagte freundlich, dass ihn das nichts angehe. So ganz allein, das sei doch gefährlich für eine Frau, meinte er. Ich sagte: »Ich bin nicht allein.« Dann fing ich an zu knurren und entdeckte etwas sehr Interessantes: Knurren und Bellen sammelt die Kraft. Ich wurde hellwach, präsent, energiegeladen und ich hatte total Spaß daran. Ich bellte noch, als er schon nicht mehr zu sehen war. In mir war so viel wilde Kraft, dass kein Rest von Unbehagen blieb.

Die dunkle Seite des Mondes

So viele Gefahren es auch geben mag, sie stehen alle weit hinter einer anderen Bedrohung, die kaum wahrgenommen und beachtet wird: der Überforderung.

Die Überforderung beginnt schon in der Kindheit. Die Erwartungen der Eltern geben das Tempo vor. Kann es sich schon aufrichten? Läuft es schon? Die anderen sprechen schon! Mein Kind ist noch nicht »sauber«. Hektisch vergleichen Mütter, Väter und Kinderärzte die Fortschritte der Kinder und werten sie aus. Ist das Kind etwa hyperaktiv? Schnell eine Tablette!

In den dreißig Jahren Arbeit mit Frauen habe ich nur sehr wenige getroffen, die ein entspanntes Gefühl zu sich selbst haben, die von sich sagen können, eine heitere, gelassene Kindheit erlebt zu haben. Der Druck, der in der Kindheit entsteht, bleibt eingebrannt: Ich bin nicht richtig. Das Gefühl, den Anforderungen nicht gewachsen zu sein, die Eltern enttäuscht zu haben oder, schlimmer noch, Gott zu enttäuschen, ist eine Erfahrung, die viele Menschen kaum abschütteln können. Der Druck der Religion geht noch einen Schritt weiter. Gott sieht alles, du kannst dich nicht entziehen, wenn du Wut hast, wenn du in Stress gerätst und nicht mehr aus noch ein weißt, kommt noch das schlechte Gewissen dazu: Ich enttäusche Gott, ich bin nicht so rein und gut, wie ich sein sollte.

Ich brauchte selbst Jahre bewusster Auflösung dieser Kontrollmechanismen, um in ein Gefühl der inneren Entspanntheit zu wachsen: So wie es ist, ist es gut. Und doch bin ich nicht gefeit gegen Überforderung. Kreative Arbeit, Bücher verkaufen, meine Mutter betreuen, Freundschaften pflegen, wichtige Termine nicht vergessen. Dazu kam früher, mein Kind allein zu betreuen und ihm gerecht zu werden. Weitere Belastungen: Computer, Handy und andere elektronische Geräte in Gang halten, Passwort und diverse Geheimnummern nicht vergessen. Manchmal fährt alles Karussell, vor allem, wenn es Zeit ist, die Wohnung zu putzen, die Wäsche zu waschen und zu entscheiden, was endlich mal weggeworfen werden kann.

Die Überforderung kommt auch im Gewand bürgerlicher Anmut. Du kannst doch so gut kochen! Meine Kinder lieben dich! Du hat so einen guten Geschmack, kannst du nicht ... Das kannst du besser als alle anderen! Wer so gelockt wird, kann schwer Nein sagen. Wir wollen unsere Freunde, Freundinnen nicht enttäuschen. Wir wollen einen guten Eindruck machen und nicht gerügt werden: So gehst du mit deinen Lieben um.

Also laden wir uns immer mehr auf. Hier babysitten, dort schnell was kochen, diese Freundin schnell mal hierhin fahren, den Mann von dort abholen. Schatz, ich

hab die Papiere zu Hause vergessen, kannst du mir die noch schnell bringen. Du bist ein Engel. Zwar springt der Schatz selbst im Dreieck, doch die Bitte wird erfüllt und der Tag wird noch enger.
Noch tückischer sind unausgesprochene Forderungen, erfühlte Kritik. Man spürt, dass der Partner, die Partnerin oder die Freunde etwas wollen, etwas nicht richtig finden. Sie geben es per Körpersprache oder Gesichtsausdruck durch. Jetzt liegt es in der Luft. Irgendetwas stimmt nicht, nur was? Habe ich etwas falsch gemacht? Habe ich etwas gesagt oder getan, das die andere Person beleidigt hat?
Schön wäre es natürlich, wenn die Kommunikation so angelegt wäre, dass ausgesprochen wird, was gehört werden soll, aber so funktioniert die Zivilisation nicht. Das hättest du doch spüren müssen – ist ein beliebter Vorwurf von Frauen. Das ist doch normal, darüber muss man doch gar nicht sprechen – kommt eher von Männern. Das Problem bleibt das gleiche: Unausgesprochen steht ein Wunsch, eine Kritik, eine Forderung im Raum. Was ist jetzt schon wieder? Was habe ich falsch gemacht?
Diese Art des Rätselratens kostet nicht nur Zeit und Energie, sie hält die betroffene Person auch in einer ständigen Grundspannung. Die Erfahrung zeigt, dass diese betroffenen Personen eher Frauen als Männer sind. Männer lassen sich kaum in Erwartungen einspannen, Frauen dagegen leben davon, dass sie Erwartungen erspüren, erfüllen und auf Belohnung warten. Religiöse

Pflichten werden in unseren Breiten auch eher von Frauen als von Männern ernst genommen. Während es für viele Männer selbstverständlich ist, einen Glauben zu haben und die minimalen, äußerlich sichtbaren Verrichtungen zu tun, steigern Frauen sich oft in eine religiöse Überempfindlichkeit. Sie wollen es richtig machen, rein werden. Die Sache mit der Reinheit ist denn auch eher eine weibliche Belastung.

Als Kinder werden wir schon in eine Schizophrenie getrieben – die Erbsünde! Im Buddhismus ist es nicht besser, alles drängt zur Erleuchtung. Man nimmt komplizierte religiöse Rituale und Verrichtungen in Kauf, um erlöst zu werden. Erlöst wovon? Den niederen Bedürfnissen des Körpers – da sind sich alle Religionen einig. Niemand sagt: Wenn der Körper schmutzig und die Bedürfnisse niedrig sind, warum hat ein Gott das alles so geschaffen? Das ist doch Blödsinn. Das Wort Blödsinn ist jedoch mit Religionen nicht kompatibel, deshalb wird die Schuld am Zwiespalt stillschweigend geschluckt. Diese Überforderung führt zum Gefühl, nicht zu genügen. Anstatt den Hersteller haftbar zu machen, wenn man denn an Gott glaubt, geht man zu Selbstbeschuldigung über. Religiöse Schuldgefühle mögen im Osten keine so große Rolle spielen, ich kenne kaum Menschen meiner Kultur, die nicht davon geprägt wären.

Das Ergebnis der Überforderung: Was einmal schön und gut war, wird zur Last. Was Freude gemacht hat, bringt jetzt Stress. Eine Fähigkeit, die lustvoll ausgeübt wurde, wird jetzt schon mit düsteren Ahnungen angegangen.

Die Zeit reicht nicht, um alles zu erfüllen, um es wirklich gut zu machen. Daraus folgt, dass man nicht mehr so geliebt wird. Wir brauchen Liebe, um leben zu können. Wenigstens die Sympathie von einigen Menschen. Wenn die an Bedingungen gekoppelt ist, wird's schwer. Schutz vor Überforderung ist deshalb für mehr Menschen ein Thema als Schutz vor Angriffen. Wer auf »Du hast mich enttäuscht« entspannt mit: »Sei froh, denn du hast dich täuschen lassen und bist jetzt klüger« antworten kann, hat das Problem gelöst.

In meiner Familie wird gern und gut gestritten. Wir lassen Unstimmigkeiten nicht gären, sondern werfen immer gleich alles auf den Tisch. Das ist zwar manchmal anstrengend, doch staut sich nie eine zerstörerische Energie an. Als der erste Freund meiner Tochter einmal hörte, wie sie mit mir stritt, fielen ihm fast die Ohren ab. Gleichberechtigter Streit zwischen Eltern und Kindern war ihm fremd. Für uns sind die Gefühle aller Beteiligten gleichwertig. Es gibt keine Respekt-Vorgabe. Weil wir uns lieben, respektieren wir uns, nicht weil uns Respekt vor wem auch immer aufgezwungen wurde. Nur zu respektieren, wen man auch wirklich achten kann, ist die Voraussetzung für Schutz. Wenn jeder Erwachsene für ein Kind respektabel sein muss, verwischen die Grenzen zu Übergriff und Gewalt. Das Kind hat ja noch keine Vergleichsmöglichkeiten. Wenn es sexuell belästigt wird, weiß es ja nicht, dass das Unrecht ist. Wenn es im Respekt vor Erwachsenen erzogen wurde, muss es denken, dass es selbst falsche Gefühle hat, dass es nicht genügt.

Auf dem Weg zum eigenen Schutz kommen wir irgendwann mit dem geheimen Gepäck in Berührung. Wir entdecken Grauzonen, in denen die Umrisse unklar, die Formen verschwommen sind. Warum habe ich jetzt gelächelt? Eigentlich wollte ich schreien. Da ist eine Erinnerung, vage, nicht fassbar. Ich mache mich harmlos, lieb, um nicht in Gefahr zu geraten. Von mir wird erwartet, dass ich keinen Aufstand mache. Dass ich nicht ausflippe. Nur nicht peinlich sein! Aber eigentlich schaffe ich das gar nicht mehr. Ich wünsche mir endlich Klarheit über mein Leben. Die Lasten sollen abfallen. Ich will frei sein.

Wer leidet, wird gnadenlos verspottet: Mach halt nicht so viel. Mach dich nicht so wichtig! Denn während man von allen benutzt wird, solange das möglich ist, solange man es möglich macht, gibt es doch keine Gnade für eine Frau, die sich zu viel aufgehalst hat. Was muss sie sich so wichtig machen! Sie denkt, sie sei unentbehrlich! Ist eine Frau überfordert, stöhnen alle und blicken genervt zum Himmel. Wenn nun ein Mann den Job einer Frau übernehmen soll, die Kinder hüten, den Haushalt schmeißen, dann kommen bestimmt gleich ein paar Nachbarinnen, die der Überforderung der Frau keine Aufmerksamkeit schenkten, und bieten dem »armen Mann« ihre Hilfe, frisch Gekochtes und Babysitterdienste an. Daraus resultiert wohl der Spruch: Wenn du so gut sein willst wie ein Mann, hast du einfach keinen Ehrgeiz.

Am Ende der Überforderung steht der Zusammenbruch. Endlich alles abwerfen. Mag das Kind schreien, mag der Mann hilflos dreinschauen und die Schwiegermutter Sprüche ablassen: Jetzt ist der Augenblick der Freiheit. Der Körper gibt auf, das Hirn bringt seine Befehle nicht mehr durch, die aus einer dunklen unbekannten Quelle gespeist werden. Die eigene Qual wurde schon viel zu lang ertragen und auf andere, schwächere weiterübertragen. Aus der eigenen ungeschützten Überforderung entstand vielleicht sogar sadistische Freude, andere leiden zu sehen – dann Gleichgültigkeit, dann Zusammenbruch.

Der Zusammenbruch bedeutet Zerstörung, nicht aber die Lösung der Probleme, die zur Überforderung geführt haben. Besser vorher jemanden enttäuschen, als nachher die eigene Lebensbasis zu verlieren. Erwartungen nicht zu erfüllen ist zwar schwer. Doch liegt darin eine große Befreiung. Die Befreiung überhaupt, denn das ist der Weg zur eigenen Kraft. Auch wenn diese Kraft noch gar nicht gespürt wird – in der Verweigerung der Automatismen, im Widerstand gegen Anforderungen, die nicht erfüllt werden können, liegt die Wurzel der eigenen Kraft. Und nur aus der zärtlichen Zuwendung zur eigenen Dunkelheit, aus dem Annehmen der eigenen Unvollkommenheit entsteht das helle Strahlen des eigenen Lichts.

Die Kunst, Erwartungen zu enttäuschen und dennoch Freundschaften zu halten, besteht in der Achtung der anderen Person bei gleichzeitigem Aufzeigen der Grenzen. Ich will – das ist in Ordnung. Ich will, dass du – kommt nicht in Frage. Wer zur eigenen Kraft gefunden hat und erkennt, wann Druck, Überforderung und Überlastung zu einem Problem werden, kann Lasten und geheimes Gepäck abwerfen, ohne es anderen aufzuladen. Einer Forderung nicht nachzukommen, die die eigenen Kräfte übersteigt, heißt ja nicht, die Person, die diese Forderung stellt, zu verletzen. Aber vielleicht geht es gerade darum, Grenzen zu ziehen und klarzumachen, dass eine Grenze nicht Angriff bedeutet. Dass eine Grenzüberschreitung Angriff ist, muss dagegen klargemacht werden. Wahre Freundschaft hält eine Auseinandersetzung an der Grenze aus.

Der widerspenstigen Heilung

Die Frau im Krankenbett kämpft mit dem Tod. Hilflos sitzt ihr Mann daneben, weinend, wortlos. Dann kommen zwei Freundinnen. Nach den Eingangsfloskeln »Wie geht's dir denn« und »Mei, du schaust ja wirklich schlecht aus«, die sich auch nicht gerade dringend wünscht, wer in diesem Zustand ist, setzen sie sich ans Bett und schauen eine Weile traurig vor sich hin. Die Angesprochene rafft sich zu ein paar Worten auf. Dann sagt die eine: »Gell, es ist schon wirklich seltsam, dass ausgerechnet du, wo du doch so gesund gelebt hast, jetzt Krebs hast.« Die Angesprochene nickt. Gelebt hast – sie wurde schon abgeschrieben, bleibt tapfer. »Das kann jeden treffen«, sagt sie. »Weißt du«, sagt vorsichtig die andere, »wenn du halt den Aloe-vera-Saft gleich getrunken hättest, wie ich dir gesagt hab …« Die Kranke nickt. »Ja, ja, jede weiß was anderes …« Das hätte sie nicht sagen sollen, denn da es jetzt an die Heilerinnenehre der Freundin geht, wird die massiv. »Du kennst mich seit Jahren, Elfie«, sagt sie, »du weißt genau, dass das etwas anderes ist, wenn ich dir was rate. Schließlich kenn ich mich aus.«

Die andere Freundin lacht auf. »Ja, jetzt ist es der Aloe-vera-Saft, vorher war's die Quecksilberentgiftung, davor die Semmelkur von Mayr. Bei dir kann man erst richtig krank werden.« Die Kranke ist eingenickt. Die Heilerin rüttelt sie sanft.
»Elfie, ich hab mich erkundigt. Es gibt eine tibetische Klinik in der Nähe von Freiburg, die können dir bestimmt helfen.«
Die Kranke, die im Zimmer neben mir lag, als ich an einem Bauchtumor operiert wurde, entzieht sich durch Einschlafen. Die beiden Freundinnen verlassen heftig wispernd das Zimmer. Ich denke nach. Auf der Station liegen hauptsächlich Krebskranke. Die meisten Frauen, denen ich auf dem Flur oder beim Frühstück begegnet bin, sind Yoga-, Qi-Gong-, Pilatesübende, gut ernährte, bewusste Frauen.
Es ist kaum eine dabei, die sich nicht um das Leid der Welt kümmern würde, der nicht das Problem der Kriege, des Mülls und der leidenden Kinder am Herzen läge. Fast alle, mit denen ich gesprochen habe, sind überfordert. Die Belastungen des Alltags, Haushalt, Beruf, Kinder, eigenes Geschäft, selbstständige Arbeit, sind plötzlich unerträglich. Eine Vision, wie es weitergehen soll, liegt irgendwo im Nebel hinter den Papieren, die auszufüllen sind, hinter den Anträgen und Forderungen auch der Behörden und des Krankenhauses. Rücksicht auf Sterbende wird nicht genommen.
Wer glaubt, Sterben sei eine einfache Lösung, soll ruhig einmal einen Monat auf einer Krebsstation arbeiten. Die

Angehörigen kommen mit letzten Wünschen, alle wollen noch schnell ihr Geld, Ungeklärtes soll noch schnell geregelt werden. Du bist zu erschöpft? Schlafen kannst du, wenn du tot bist. Wer glaubt, im Sterben geschützt zu sein, könnte sich irren. Wenn die Angehörigen nicht wahre Engel sind, erhöht sich gerade jetzt der Druck enorm.

Doch auch wer geheilt werden will, steht vor einem Labyrinth aus Vorschlägen, Ratschlägen. Die Schläge sind dabei nicht unerheblich. Gerade in dieser Situation sollte der Druck auf eine kranke Person nachlassen, sollten Räume geweitet werden. Stattdessen will jeder noch mal ein Rezept loswerden, noch mal mitreden. Und wird die kranke Person nicht gesund, dann kommt der bittere Triumph: Hätte sie, er auf mich gehört!

Heilung ist eine mysteriöse Angelegenheit. Menschen, von denen man denkt, die schaffen's keinen Tag mehr, stehen auf und gehen nach Hause. Männer, die ein Leben lang nur Bier getrunken und Schweinebraten mit Knödeln gegessen haben, die schon am Tropf hängen und schwerste Operationen hinter sich gebracht haben, erholen sich und man sieht sie im Café des Krankenhauses, zwar immer noch am Tropf, aber putzmunter, mit neu gefundenen Freunden Karten spielen.

Als Ernst Jünger über hundert Jahre alt wurde und Leni Riefenstahl, uralt auch sie, noch lebten, fing ich an, über Altwerden und Sterben nachzudenken, und kam nach langen Gesprächen mit Freunden und Freundinnen zum Ergebnis: Uralt werden jene, die keine Zweifel zulassen, die eigenmächtig und oft starrsinnig in ihrer Welt leben, ohne das Leid der großen Welt einzulassen. Alexandra David-Néel, von Tibet erfüllt, ja besessen, beantragte mit hundert Jahren noch einen Reisepass. Sie schikanierte ihre Haushälterin bis zu ihrem Tod einige Jahre später.

Susanne Wenger ist vor einiger Zeit in Nigeria, Westafrika, neunzig geworden, was in diesem Klima und bei diesen Lebensverhältnissen, denn viel Geld hatte sie nie zur Verfügung, ein Wunder ist. Sie sieht sich von den Göttern auserwählt. Zweifel sind nie aufgekommen. Sie lebt für die Götter und arbeitet an ihren Kunstwerken. Wer ganz in der eigenen Überzeugung eingebettet mit sich im Frieden lebt, scheint körperlich mehr auszuhalten als andere, denen ständig der Wahnsinn der Welt an Körper und Geist nagt. Wer zweifelt, verzweifelt, formulierte es ein Freund.

Wer nicht zweifelt, kann also mit Algentabletten, Aloe vera, mit Magnesium, Kalzium und hochdosiertem Vitamin C, mit Schlammkuren und Kneippkuren, mit Marathonläufen und Nordic Walking gesund bleiben oder gesund werden. Wer nicht zweifelt, findet das eigene Mittel.

Ein Mann setzte sich in den Kopf, ich könnte ihn heilen, obwohl ich keine Heilerin bin. Die Überzeugung war so stark in ihm, dass er mich immer wieder anrief und um eine Übung bat, die ich ihm widerstrebend sagte. Er machte sie, und wenn ich ihn auf der Straße traf, strahlte er mich an und versicherte mir, was für eine tolle Heile-

rin ich sei. Nach fünfzehn Jahren war er müde. Er hatte keine Lust mehr, gegen den Krebs zu kämpfen. Er sagte: »Du kannst mich jetzt aus dem Topf tun!«
Ich habe einen Ahninnentopf, in dem ich meine Belange bearbeite, und weil er es unbedingt wollte, hatte ich einen Zettel mit seinem Namen da hineingelegt. Ich hatte den Zettel noch gar nicht herausgeholt, als er plötzlich starb. Er hatte völlig eigenmächtig seine Heilung und seinen Tod bewirkt, brauchte jedoch eine Außenstelle, über die er das alles abwickeln konnte. Denn an seine eigene Heilungsfähigkeit glaubte er nicht.
So funktioniert Heilung bei den meisten Menschen. Sie übertragen die Heilerlaubnis auf eine andere Person, einen Ort, eine Energie und lassen sie so wieder auf sich wirken. Sie pilgern nach Lourdes, nach Altötting, sie gehen den Jakobsweg und schwören auf die Heilkraft dieser Erfahrung. Was sie nicht wahrhaben wollen: Weil sie selbst diesen Entschluss fassen, weil ein Ort, eine Kraft gefunden wurde, die das Heilsversprechen tragen soll, wird Heilung überhaupt erst möglich. Die Kraft muss von innen kommen. Schutz vor Krankheit kommt von innen, aus der Überzeugung, gesund zu sein. Meine Freundin, die überzeugt war, nie mehr gesund zu werden, starb nach kurzer Krankheit innerhalb eines halben Jahrs. Die Heilungsvision war in ihrem Programm nicht mehr vorgesehen. Konsequenterweise unternahm sie nach ersten Versuchen auch keine Schritte zur Heilung mehr. Susan Sontag, die New Yorker Philosophin und Publizistin, lebte mit einer schweren Krebserkrankung über

zwanzig Jahre – sie hing am Leben. Sie wollte leben, ihre Gedanken ausdrücken, Widerstand leisten.

An meinem eigenen Körper habe ich eine interessante Erfahrung gemacht: Ich werde praktisch nie krank, wenn ich eine wichtige Arbeit oder eine Betätigung vorhabe, an der mir sehr viel liegt. Wenn ich überzeugt bin, mich nicht anzustecken, kann ich mit erkälteten Personen in öffentlichen Verkehrsmitteln zusammen sein, ohne auch nur einen Schnupfen einzufangen. Ich kann in der Zugluft stehen, im Regen nass werden, kalte Füße haben, nicht warm genug angezogen sein – kein Problem. Ich kann mit leprakranken Frauen mit den Fingern aus einer Blechschüssel essen – keine Angst, keine Ansteckung, kein Ekel. Doch wenn ich unsicher bin, wenn die warnenden Rufe der anderen plötzlich ungefiltert an mein Bewusstsein anbranden, wenn die Gefahren der Welt mit einem Mal allzu groß und bedrohlich werden, dann kann ich von einem Augenblick zum nächsten todkrank werden. Dann liege ich mit einer Grippe flach, obwohl ich niemanden getroffen habe, der krank ist.

»Warum sieht man eigentlich nie verschnupfte Politiker?«, fragte mich meine Schwester einmal. Stimmt. Wenn sie krank sind, ist es ja schon fast die Vorstufe zum Rücktritt. Sie stehen Tag für Tag im Rampenlicht, erfüllt von ihrer Bedeutung, von ihrer Aufgabe – vollgepumpt mit Chemie, lästert eine Freundin – und werden nicht krank. Vermutlich werden sie auch manchmal krank und das erfahren wir nicht. Doch bestätigt dieses Phänomen meine Theorie, dass Menschen, die nicht zweifeln, die von sich und ihrem Thema erfüllt sind, am wenigsten anfällig sind für Krankheit. Verlieren sie ihren Job, fallen sie oft in sich zusammen.

Die Energie, die eine Person trägt und erfüllt, ist die beste Schutzimpfung. Die Energie, von der Frauen oft erfüllt sind, kann keine Impfung sein. Sie enthält Zweifel, Kummer über den Zustand der Welt, Sorgen um die Kinder oder den Mann, Grübeln über die beste Lebensweise, ökologisches Verhalten, schonenden Umgang mit Rohstoffen. Angst, den Mann zu verlieren, nicht gut genug zu sein. Panik, eine andere könnte dem eigenen Mann besser gefallen und es könnte ihr so gehen wie vielen anderen: Unabgesichert aus der Ehe gefallen, allein, einsam gehen sie dem Alter entgegen, während die Freundinnen gute Ratschläge geben, wie man den Mann hält.

Heil sein – von der eigenen Kraft erfüllt, in Frieden mit dem, was kommt, und mit dem, was ist – ist kein Zustand, den man sich erarbeiten kann. Diesen Zustand kann man nur entspannt auf sich zukommen lassen, indem gleichzeitig die Last der Welt abrutscht und der Atem wieder frei fließen kann. Ausatmen. Los geht's.

Ich war's nicht

In Büros kursiert eine Art Witz, wie man zu reagieren hat, wenn man beschuldigt wird: »Ich war's nicht. Es war schon so, als ich kam.«
Das Lachen darüber ist mir im Hals stecken geblieben, als ich die unwahrscheinliche Geschichte meines Nachbarn hörte. Zu der Zeit, als sie geschah, war ich verreist und außer ihm war nur noch die alte Frau im vierten Stock zu Hause.
Der junge Mann, der in der Wohnung über mir wohnt, kam spät nach Hause, blieb noch ein wenig wach und hörte Musik. Dass draußen plötzlich Bierflaschen und Weinflaschen durch die Luft flogen, bekam er gar nicht mit. Eine Flasche knallte auf ein Autodach. Ein Nachbar von gegenüber rief die Polizei, weil er so langsam Sorge hatte, auch sein daneben stehendes Auto könnte getroffen werden. Die Polizisten kamen an, betrachteten den Scherbenhaufen, sahen an der Hausfassade hoch: Nur in einem Stockwerk brannte Licht. Sie klingelten. Der junge Mann öffnete der Polizei nichtsahnend die Tür. Obwohl in der Wohnung keine Bierflaschen standen oder lagen, obwohl die Situation keinesfalls außer Kontrolle, der junge Mann

nüchtern und alles ruhig und geordnet war, konfrontierten sie ihn mit der Beschuldigung, Flaschen aus dem Fenster zu werfen und sich damit strafbar zu machen. Dass er lachte, trug nur dazu bei, dass sie ihn für bekifft hielten. Sie nahmen ihn mit. Und da hatte er Glück, denn während die Polizei ihn abführte, fiel die nächste Flasche vom Himmel. Wie sich herausstellte aus dem vierten Stock, geworfen von einer zornigen alten Frau, die gerade dabei war, völlig auszuflippen. Hätte sie nicht in dem Augenblick eine Flasche geworfen, wäre der junge Mann so schnell nicht aus der Zwangssituation befreit worden, vielleicht hätte ihn die falsche Anklage in ein falsches Licht gerückt, ihm die Zukunft verbaut, vielleicht hätte er die Beherrschung verloren. Alles scheint möglich. Die Tatsache, dass er ein besonnener Mensch ist, der nicht so leicht aus der Fassung gerät, hat ihm wohl über die gefährlichsten Momente geholfen. Eine Beamtenbeleidigung und Widerstand gegen die Staatsgewalt kommen schnell zusammen, ein Wort gibt das andere.

Wer falsch beschuldigt wird, muss wohl unbedingt die aufkeimende Hilflosigkeit und Wut so schnell wie möglich unter Kontrolle bekommen. Obwohl doch gerade Ordnungshüter mit der Tatsache vertraut sein müssten, dass Verbrecher oft erstaunlich höflich und gelassen sind, weil sie ja wissen, dass sie schuldig sind, während unschuldige Menschen vor Wut schäumen und die ungerechte Behandlung kaum ertragen, haben sie oft nicht das geringste Verständnis für unschuldig Beschuldigte, die sich übermäßig zornig aufführen. Falsche Beschuldigung ist schier unerträglich, schnürt einem den Atem ab, lässt einen vor Empörung kaum noch Worte finden, und doch gibt es nur einen Weg, aus dieser Bedrängnis herauszukommen: ruhig und beharrlich die Wahrheit so lange auszusprechen, bis jemand beginnt, sie zu glauben. Denn wer schreit, hat Unrecht, sagt schon der Volksmund, der ja oft voll danebenliegt.

Wenn irgendwo etwas gestohlen wurde oder ein firmeninternes Geheimnis weitergetratscht wurde, beginnt das Misstrauen überall aufzukeimen. Wer war's? Jeder möchte versichern: Ich war's nicht. Doch wer gleich die Unschuld beteuert, gerät vielleicht schneller ins Zwielicht als andere, die sich schön bedeckt halten, weil sie kein Aufsehen erregen wollen. Der beste Schutz bei falscher Anschuldigung ist Selbstdisziplin. Warum soll ich mich über etwas aufregen, das mich nicht betrifft? Natürlich kann es trotzdem zu einer Situation der Bedrängnis kommen, weil sich vielleicht ein paar Leute passende Fakten zusammenstricken, mich hineinverstricken. Doch wenn ich damit nichts zu tun habe, gibt es nur eine Möglichkeit, meiner Unschuld Gehör zu verschaffen, wenn ich sie nicht beweisen kann – ruhig die Vorwürfe anzuhören, zu sagen, was zu sagen ist, und mich emotional davon zu lösen. Wer versucht, andere Möglichkeiten zu finden, das Verhalten anderer Menschen zu hinterfragen und vielleicht diese zu beschuldigen, macht sich nur noch mehr verdächtig.

Die beste Lösungsmöglichkeit in solch einer Situation ist die spirituelle: Was kann ich daraus lernen? Wie kann ich an dieser Situation wachsen anstatt mit ihr unterzugehen? Die Frage ist nicht mehr: Wie kann ich meine Haut retten, meinen Job, meinen Ruf? Die Frage ist: Wie reagiere ich auf eine spirituelle Herausforderung? Wenn ich nichts mit der Sache zu tun habe, derer ich beschuldigt werde, muss ich auch keine Schuldgefühle, keine Selbstverteidigung bemühen.

Wie schwer es ist, ruhig zu bleiben, wenn der Wahnsinn über einen hereinbricht, hat eine Freundin erlebt. Am Nachmittag hatte sie sich entschlossen, endlich die gefärbten Haare abzuschneiden, um die grauen nachwachsen zu lassen. Mit kurzgeschorenem Kopf kam sie nach Hause, bereitete sich etwas zu essen vor und wollte sich gemütlich mit einem Buch aufs Sofa legen. Sie hatte eine Kerze angezündet und diese Kerze fiel um. Während sie das Essen holte, setzte die Kerze das Zimmer in Brand. Die Nachbarn riefen die Feuerwehr. Die Feuerwehrleute sahen die Frau mit den kurzgeschorenen Haaren und den Zimmerbrand und riefen den Notarzt, weil sie die Frau für verrückt hielten. Anscheinend kommt es manchmal vor, dass Menschen in großen Gefühlsturbulenzen Feuer legen. Die Frau wurde, weil sie sich heftig wehrte und dauernd versuchte, die Situation zu erklären, »ruhiggestellt«. Nur durch das schnelle Eingreifen einer Nachbarin, die eher zufällig die ganze Situation mitbekommen hatte und die Vorgeschichte erklären konnte, löste sich das Drama wieder in Wohlgefallen auf – haarscharf an der Katastrophe vorbei.

Es gibt nur eine Möglichkeit, in so einer Situation nicht wirklich verrückt zu werden: einzusinken in die spirituelle Dimension des Geschehens und daraus in Ruhe die Lösung zu entwickeln. In aufgewühltem Wasser kann man nicht auf den Grund sehen, deshalb muss man warten, bis das Wasser sich beruhigt und wieder klar wird.

Früher traf mich eine falsche Beschreibung oder eine Lüge über mich, zum Beispiel in der Presse, bis ins Mark. Ich fühlte mich beleidigt, verletzt, beschmutzt. Ich habe im Lauf der Zeit gelernt, Beleidigungen an Beleidiger zurückzuschicken, und erfahren, dass es befreiend ist, wenn jemand einen beleidigen will und man ist einfach nicht beleidigt. Heute kommt es mir nur noch darauf an, in meinem Familien- und Freundeskreis klare Verhältnisse zu schaffen. Wer wirklich Wahres über mich erfahren will, soll sich selbst bemühen. Ich verteidige mich nicht, ich erkläre mich nicht, ich entschuldige mich nicht, außer es ist mir selbst wichtig.

Therapie – aber wie?

Der Junge stand wie versteinert am Rand des Fußballfeldes und ließ den Hohn der anderen Jungs über sich ergehen. »Du bist ein Freak! Du bist doch gar kein richtiger Kerl. Du Memme.« Er ließ sich schubsen und ertrug es, dass sie ihm die Kappe vom Kopf schlugen. Er verteidigte sich nicht. Er wartete einfach, bis es vorbei war. Denn es ging immer vorbei. Er liebte Bücher und die rätselhaften Buchstaben, die Welten erschufen und wieder verschwinden ließen. Er lebte in einer Welt der Fantasie, die er weder seinen Mitschülern noch seinen Eltern vermitteln konnte oder wollte. Einmal gelang es ihm, seine ganze Klasse in Atem zu halten. Beim Streit zweier Raufbolde war ein Ranzen geflogen und ein Fenster zu Bruch gegangen und auch die Hardliner der Klasse hatten jetzt die Hosen voll, denn das bedeutete, vor den Direktor zitiert und bestraft zu werden. Jemand musste das Fenster bezahlen und auch die stärksten Kämpfer der Klasse oder gerade sie hatten Angst. Als der Klassenlehrer den Raum betrat und das zerbrochene Fenster sah, entstand eine Stille, die so voll lebendiger Energie pulsierte, dass man sie fast greifen und fühlen konnte. »Wer war das?«, fragte der Lehrer. Da trat der unbeliebte schwache kleine Junge auf. »Ich war's«, sagte er, »ich hab den Ranzen geworfen.« Das Fenster wurde mit Pappe notdürftig verschlossen, später erneuert. Zwar wurde der Junge dadurch nicht zum beliebten Klassenhelden, doch hörten die anderen auf, ihn zu ärgern. Er hatte endlich seine Ruhe. Seine Eltern, die ihn zu allerlei Kuren und Erholungsaufenthalten schickten, weil sie dachten, er sei krank und brauche Therapien, waren nun vielleicht die Einzigen, die einen Jungen nicht dafür strafen wollten, dass er ein Fenster zerbrochen hatte, beglückwünschten sie sich doch zur endlich erreichten »Normalität« ihres Jungen. Sie wunderten sich darüber, dass er nun ruhiger und zufriedener wirkte und auch etwas mehr aß, doch schrieben sie es den gelungenen Kuren zu, die der Junge so hasste. Später wurde er Schriftsteller und lernte andere Außenseiter kennen, erfuhr, wie vielen Kindern in der Schule das normale Mittelmaß ein Grauen einjagte, wie viele Gleichaltrige Probleme mit ihren Eltern hatten und wie viele seine Abneigung gegen gewisse Nahrungsmittel und Einschlafrituale teilten. Denn nun hatte er sein Heimatdorf verlassen, nach dem er sich allerdings später durchaus wieder sehnen sollte, als er seine ureigene Energie endlich leben konnte. Die Enge und Engstirnigkeit der dörflichen Gemeinschaft wurde durch eine Vielfalt an Lebensmöglichkeiten ersetzt. In Gemeinschaft mit arbeitsscheuen, lebensunlustigen, drogensüchtigen Außenseitern fühlte er sich nun wie ein stimmiges kleines Universum in einem größeren Universum voll von stimmigen anderen Lebensformen. Das ängstliche Lauern legte sich. Bin ich richtig? Darf ich so sein, wie ich bin? Werde ich endlich so akzeptiert oder muss ich schon wieder beichten, Pillen nehmen, eine Therapie über mich ergehen lassen? Vorbei. Endlich konnte er sein, wie er wollte, ja, seine kreative Arbeit schöpfte nun gerade aus der Vielfalt seiner Empfindungen, die sich nicht unbedingt mit dem decken musste, was erlaubt, erwünscht, empfohlen wurde.

Wer diesen Sprung ins Kreative nicht schafft, muss sich vielleicht weiterhin mit den quälenden Sorgen abmühen, nicht zu genügen, sich nicht entscheiden zu können, nirgends wirklich dazuzugehören. Denn unter dem Deckmantel der Angepasstheit, unter den gesellschaftlichen Ritualen, die zu »Freundschaft« und »Gemeinschaft« zu gehören scheinen, empfinden erstaunlich viele Menschen ein Unbehagen, das sich meistens nicht definieren lässt. Man heiratet, man arbeitet, lädt Freunde ein, unterhält sich, fährt in Urlaub und unter diesem alltäglichen Strom der Normalität gibt es gelegentlich Wirbel, Strudel, Untiefen, die alles in Frage stellen, die eine latente Unzufriedenheit erzeugen: War's das? Was ist eigentlich die Quintessenz meines Lebens?

Für die massiveren Fälle dieser Alltagsgestörtheit gibt es Therapien aller Art. Eine Therapie wird wohl notwendig, wenn die betroffene Person nicht mehr in der Lage ist, eine wie auch immer geartete Normalität im eigenen Leben herzustellen, wenn die Selbstverständlichkeit des Alltags nicht mehr empfunden wird, wenn Störung zu

Verletzung und Krankheitsempfinden führt, wenn der Schmerz der betroffenen Person unerträglich wird.

In schamanischen Traditionen gilt dieser Schmerz, dieses Herausfallen aus der alltäglichen Normalität als Schnittstelle zum Kontakt mit anderen Wirklichkeiten und Wesen. Während westliche Therapien am Unerwünschten arbeiten und versuchen, es zu definieren und zu dämpfen oder zu entschärfen, während sie die betroffene Person mit ihrer Störung vertraut machen, damit das Problem oder die Krankheit in die Normalität wieder eingeflochten werden kann, geht die schamanische Heilung mit der Welle der Störung. Sie wird nicht nach Kindheitserlebnissen und Mustern definiert, sondern nach der Art der Energie, die die Person angreift, und den Anlegestellen für Geister, die darin entstehen.

In einer schamanischen Trance wird keine Versöhnung mit angreifenden Energien vorgeschlagen, es geht nicht darum, die kranke Person in Frieden mit angreifenden Personen oder Energien zu bringen. Es geht einzig um Energien und Kraftfelder, um die Erkenntnis, was die beteiligten Wesen, Geister, Störenfriede brauchen, um Ruhe zu geben. Schon gar nicht wird der kranken Person eingeredet, durch eigenes Fehlverhalten oder eigene Unfähigkeit eine Situation herbeigeführt zu haben. Niemals geht es um Gut und Böse, um richtig und falsch, um Schuld oder Unschuld. Nur um Energie. Wie wirkt sie ein, wo ist zu viel, welcher Art ist sie. Welche Quellen dieser Energie brauchen welche Einwirkung, um diese Energie zu reduzieren.

Die Hauptschwierigkeit unserer westlichen Kultur ist ja die Einteilung in Polaritäten, männlich – weiblich, gut – böse, richtig – falsch, schuldig – unschuldig. Die Komplexität von Energie, die zu einem Zustand führt, interessiert nur gute TherapeutInnen. Die Medien sind zufrieden, wenn sie einen Schuldigen gefunden haben, wenn sie jemanden anprangern, durch den Schmutz ziehen können. Scheinbar befriedigt das auch die »Volksseele«, die gern kocht und sich austoben will, vermutlich mangels eigener Macht.

Eine Person mit einer Essstörung, die in einer westlich tradierten Therapie einen gesunden Umgang mit Nahrung lernen soll, wird in einem schamanischen Heilritual mit den Wesen bekannt gemacht, die ihren Körper angreifen. Ein Alkoholiker, der in einer westlichen Entziehungskur lernt, Alkohol nicht mehr anzufassen, wird in schamanischen Kulturen aufgefordert, Alkohol den Geistern zu opfern, anstatt ihn selbst zu trinken, denn mit der Verweigerung von Alkohol ist nach schamanischen Vorstellungen das Problem noch nicht gelöst. Die Geister wollen befriedet sein. Wer säuft, den reiten die Geister. Sie wollen beteiligt werden. Nimmt man sie wahr und gibt ihnen, was sie wollen, verschwinden sie.

Spirituelle Heilung von Problemen oder Krankheiten schließt Schulmedizin oder Psychotherapie, Kuren oder Entzug nicht aus. Doch setzt sie anderswo an. In der schamanischen Vorstellung ist die Kindheit nur ein Energiefeld von vielen, die im Leben auf einen Menschen einwirken. Allein aus der Kindheit, allein aus Vererbung,

Erziehung, Umwelteinfluss und Prägung sind Begabungen und Störungen nicht zu erklären.

Das schamanische Weltbild kennt andere Beziehungen, Anknüpfungspunkte und gesammelte Erfahrungen als die körperlichen. So sind die Eltern nur das Vehikel, das einem Wesen ermöglicht, sich in der Welt zu verkörpern. Der Vater löst die Zellteilung aus, die Mutter wird zum Raumschiff. So kann den ErzeugerInnen zwar Respekt und Liebe entgegengebracht werden, doch ist es genauso möglich, dass sie einfach nicht die wichtige Rolle spielen, die ihnen von Staat und Religion zugesprochen wird. Im spirituellen Weltbild sind sie ein paar wenige Einflüsse von vielen, vielleicht viel mächtigeren.

Im Tierreich gibt es das Beispiel vom hässlichen Entlein, das von Enten aufgezogen wird und sich immer falsch und ausgeschlossen fühlt, bis es endlich seine wahren Angehörigen kennenlernt, die allerdings ganz anders aussehen als die Enteneltern. Ein Schwan wird nie eine Ente sein.

Schamanische Heilung besteht also darin, in einem Ritual zu erforschen, welche Energiefelder, Geister, Helferwesen, Einflüsse an der gegenwärtigen Situation beteiligt sind. Dann beginnt über Rhythmus, Gesang, Tanz, Trance ein Ineinanderweben der Kraftfelder, das in einer vorläufig wirksamen Heilung resultiert. Die Heilung ist hier ein beweglicher Zustand, ein Gewebe, das sich ständig erneuert, verändert und gelegentlicher Rituale des spielerischen Erneuerns bedarf.

Die Störung ist nicht im Zentrum des Rituals. Der Weg ist nicht linear. Scheinbar ziellos, absichtslos, bahnt sich der Gesang einen Weg durch das Dickicht der beteiligten Kräfte. Spielerisch greift das Ritual viele Fäden auf, nicht nur die der Störung, sondern vielleicht sogar mehr noch die der geheimen Kräfte und Verbindungen der betroffenen Person, die eben gerade in diesem magischen Gewebe des Rituals sichtbar werden. Das Ritual erneuert das Zusammenwirken aller Energien, gleicht die Kräfte aus, besänftigt diese Geister, belustigt jene und wirkt daraus eine Schutzhaut, die weich und geschmeidig über, in, um den Körper gleitet. Diese Traumhaut nimmt Kontakt zu allen Zellen auf, energetisiert sie, gibt den Gedanken neue Richtungen und neue Verbindungen. In diesem schöpferischen Akt des Neugeboren-Seins mit neuen Ammen und GeburtshelferInnen tritt so etwas wie eine zielgerichtete Heilung völlig zurück. Darum geht es jetzt gar nicht mehr. Es geht darum, sich selbst neu zu schöpfen und dazu mit allen Energien in Kontakt zu gehen, die in dieser Schöpfung einen Platz bekommen sollen.

Wer mehr will als essen, trinken, schlafen, begatten und sich begatten lassen und gelegentlich einen Ausflug in unbekannte ferne Länder unternehmen, wer hinter die Erscheinungsformen der Wirklichkeit schaut und entdeckt, dass sich immer neue, vielfältigere Formen eröffnen, begibt sich ins Kraftfeld der vielfältigen schöpferischen Energie, die niemals ein linearer Weg sein kann. Der lineare Weg ist eine Hilfskonstruktion, die wie ein

Sicherheitsseil durch die Unwägbarkeiten des Lebens leitet, scheinbare Normalität und Sicherheit vermittelt, wo eigentlich nichts ist. Man kann diese Normalität akzeptieren und mit ihr leben, doch sie ist immer nur die ganz dünne Schicht über dem brodelnden Energiefeld, das alles hervorbringt. Es gibt kein Richtig und kein Falsch. Wer sich nicht wohl fühlt, sucht Heilung auf die eine oder andere Art. Wichtig ist, dass es keine absolute Wahrheit gibt, keinen Beweis für irgendetwas. Der Astrophysiker Professor Lesch sagt: »Es gibt keinen Beweis. Alles ist unsere Wahrnehmung.« Die Zauberformel für die Verteidigung des eigenen Kraftfelds mit den ureigenen Erfahrungen lautet: Das ist deine Version der Wirklichkeit.

Die Seele rauben

Ich komme aus dem Kino und bin unruhig. Ist das Problem, dass ich immer an allem etwas auszusetzen habe? Ich habe zwei Dokumentarstücke von Filmhochschülerinnen über Senegal gesehen. Das erste zeigt Frauen im Süden Senegals. Nah, direkt, indiskret werden in einer Kultur, wo es als unhöflich, ja als Angriff gilt, jemanden lang direkt anzuschauen, Frauen bei ihren alltäglichen Verrichtungen abgefilmt. Gnadenlos bleibt die Kamera auf dem Mund, der kaut und ausspuckt, metergroß ist das schutzlose Gesicht auf der Leinwand zu sehen. Eine der Frauen beginnt ein Lied. Ein schönes Lied. Sie singt davon, dass diese Filmemacherinnen wieder gehen werden und dass sie mitgehen will, dass sie das alles nur mitmacht in der Hoffnung, nach Europa gehen zu können. Sie besingt die Kamerafrau und einen Mann des Teams, dem sie eine gute Frau sein würde. Wir sehen das Team nie. Zur Schau gestellt, bleiben die Frauen, die dort auch nicht fortkommen werden. Es ist der grausame Blick, den auch die ersten Kolonialisten und Missionare auf das »exotische« Afrika warfen. Dieser Film ist noch mit der Unterstützung der Frauenbeauftragten der Filmhochschule gemacht worden: ein Film, der Frauen schutzlos dem neugierigen Blick Fremder preisgibt, ohne dass diese Frauen davon auch nur den geringsten Vorteil hätten. Prostitution ohne Bezahlung. Das ist ein beliebtes Thema in Afrika oder Südamerika, in Asien oder Südosteuropa. Ich bezahle nicht, sie haben das ja freiwillig und gern getan. Aus Liebe vielleicht.

Wer glaubt, die Problematik des fremden Blicks nicht nachvollziehen zu können, muss sich einfach nur vorstellen, fotografiert zu werden. Plötzlich und ohne Vorwarnung, von Fremden. Jeder Fotograf, jede Fotografin ziert sich, wenn das Objektiv umgedreht, sie selbst fotografiert werden sollen. Sie wissen um die Schutzlosigkeit der fotografierten Person. Fragt man jemanden: »Darf ich dich, darf ich Sie fotografieren?«, dann entsteht fast immer dieses ungemütliche Gefühl, diese Hemmschwelle, dieser undefinierte Widerstand. »Ach, lieber nicht. Ich sehe auf Fotos so doof aus. Ich mag mich nicht auf Fotos.« Dahinter steckt vielleicht: Das Foto raubt einen Teil meiner Seele. Beobachtet werden zieht Energie ab.

Ich kenne beide Seiten. Als Kind wurde ich von meinem Vater sehr viel fotografiert. Einige dieser Fotos sind wirklich zauberhaft und fangen etwas von dem ein, wie ich mich als Kind fühlte. Einige sind indiskret und voyeuristisch. Sie sind wie dieser Film: zu nah, zu ausbeuterisch. Die Hilflosigkeit dem Fotografiertwerden gegenüber habe ich als erwachsene Frau umgedreht. Ich habe die Rolleiflex meines Vaters nach seinem Tod benutzt, um meine Sicht der Welt zu finden. Die Waffe, die gegen

mich gerichtet wurde, habe ich entschärft. Meine Tochter hat sich oft gegen das Fotografiertwerden gewehrt. Das habe ich akzeptiert. Heute, im Zeitalter der Digitalfotografie, ist Fotografiertwerden derart normal, dass die Menschen schon gar nicht mehr aufsehen, wenn irgendwo geblitzt wird. Und das ist vielleicht die Befreiung vor dem fremden Blick: Indem alles fotografiert und wahrgenommen wird, verliert das einzelne Foto, die einzelne Aufnahme ihre Kraft, ihre Bedeutung. Die Quantität der Fotos stellt wieder Anonymität her. Und wenn die letzten Sensationen ausgereizt, die letzten heissen Themen abgelichtet sind, ist die Macht der Bilder am Ende.
Für den beschriebenen Film trifft das nicht zu, weil er genau mit einer dieser letzten exotischen Thematiken umgeht. Eine Frau kann doch nicht mithilfe einer Frauenbeauftragten ihre Karriere auf der Ausbeutung einer anderen Frau aufbauen und dabei den Exotenvorteil nutzen, der darin besteht, dass die Frau nun eben nicht von Ikeageschirr ihr Mittagessen isst, sondern mit den Fingern aus einer Schüssel, gemeinsam mit anderen. Das ist nur dann erträglich und verständlich, wenn die Dargestellte daraus einen Vorteil hat und der indiskrete Blick zu einer Verbesserung ihrer Situation führt. Ausbeutung fremder Kulturen durch den seziererischen Blick von FotografInnen und FilmemacherInnen wurde zur Kunst erhoben. Erträglicher wird sie dadurch nicht.
In Afrika gibt es viele magische Mittel, um sich zu schützen und zu wehren. Ich habe von Frauen und Männern

in Deutschland gehört, die krank wurden, die Entzündungen auf der Haut hatten, gegen die es kein Mittel gab. Amulette wurden eingesetzt, um sie gefügig oder krank zu machen, und eine Freundin, die mit der Familie ihres Mannes Streit hatte, kam krank zurück, wurde immer schwächer und starb schließlich – durch Amulette, wie sie glaubte. Einmal wurde ich zum Opfer eines solchen Zaubers. Die Mutter meines Freundes wollte partout, dass ich in die Familie eingebunden werden sollte. Heiraten war nicht meine Absicht. Auch ich habe von meiner Arbeit in Afrika profitiert, Artikel geschrieben, Fotos gemacht. Immer im Einklang mit den Menschen, wie ich hoffe. Doch die Mutter meines Freundes fand, dass ich mich schon ein wenig mehr einlassen musste. Sie band mir einen Grigri, ein magisches Amulett, um die Taille. An einer dicken gezwirbelten Schnur hing ein Lederamulett, gefüllt mit Sprüchen, magischen Kräutern und allerlei Substanzen, die ich nicht kannte. Als ich wieder in München war, hatte ich nachts einen Albtraum. Ich wurde eingesponnen und konnte mich nicht mehr bewegen. Noch im Schlaf knüpfte ich die Schnur auf, die um meine Taille gebunden war, und der Grigri fiel auf den Boden. Ganz früh am Morgen klingelte das Telefon. »Trägst du deinen Grigri noch?«, fragte mich die Mutter meines Freundes.
Ich konfrontierte mich mit der Kraft des Amuletts und band verschiedene Knoten in die Schnur, die ich als Bindezauber anlegte: Die Zerstörungskraft soll gebunden bleiben! Jetzt binde ich mit diesem Grigri meinen

Ledergeldbeutel. Mit erstaunlicher Wirkung. Der zerstörerische Zauber hat sich in wohltuende Energie verwandelt.

Daraus habe ich gelernt, dass Waffen und Mittel, die eingesetzt werden, um die eigene Kraft zu schwächen oder zu brechen, durchaus zur Stärkung dienen können, wenn sie erkannt, virtuos umgedreht und genutzt werden. So haben manche Hausbesitzer, die gegen Sprayer und Schmierer machtlos waren, einfach den Spieß umgedreht und diese jungen Männer beauftragt, an ihre Wände Graffiti zu sprühen. Widerstand ist nicht immer sinnvoll. Manchmal ist es besser, die Energie zu nutzen und zu drehen, die man ohnehin nicht zurückdrängen kann. Sir Simon Rattle startete ein Musikprojekt mit »Problem«-Kindern, bei dem deren Energie in Musik und Tanz umgesetzt wird.

Magischer Schutz basiert auf der Erkenntnis, dass eine Energie nicht unbedingt gebrochen werden muss, sondern dass es kreativer und müheloser ist, diese Energie zu nutzen, um einen anderen Prozess damit in Gang zu bringen. Was nicht abgelenkt, abgewehrt oder ignoriert werden kann, wird eingebunden in ein neues Thema.

Ein Schadenszauber, der in der Casamance im Süden Senegals gegen eine Familie in Form eines Vogelskeletts und daran gebundenen Amulettpäckchen vor deren Tür gelegt wurde, bereitete dieser Familie viele Sorgen. Da lag der Zauber, niemand wollte ihn anfassen. Ich schlug vor, die Macht des Zaubers zum Schutz zu nutzen, eine Idee, die in der afrikanischen Fetischmagie durchaus üblich ist. Ich nahm das Skelett, zerlegte es in seine Einzelteile, band es neu zusammen und hängte es in den Kapokbaum auf den Platz vor dem Haus zum Schutz der Dorfbewohner. Wie ich höre, funktioniert der Abwehrzauber vortrefflich. Damit bedankte ich mich für die Kräfte afrikanischer Zauberer und Zauberinnen, die mich schon seit Jahrzehnten begleiten und schützen.

Teil 2
Übungen, Substanzen und gelebte Schutzmagie

Körperlicher Schutz

Wer bin ich? Was ist mein Weg? Wie kann ich mich erden und zentrieren?

- Stell dich mit nackten Füßen – keine Angst, der Körper verarbeitet die Kälte wesentlich besser als die ständige Angst davor, krank zu werden – auf den Boden. Am besten irgendwo in der Natur. Du kannst auch in der Wohnung auf einem Teppich stehen.
- Zieh die Zehen vom Boden weg, dehne sie und drücke die Zehenballen und die Fersenränder in die Unterlage, während du mit den Zehen in der Luft spielst und so ihre Fähigkeit, zu fühlen und dich zu tragen, neu erweckst.
- Spüre die Erde. Wenn du sie nicht spüren kannst, lass etwas fallen. Da, wo alles hinfällt, ist die Erde. Ihre Kraft zieht alles an. Werde dir dieser Kraft bewusst und stell dir vor, dass sie dich nicht nur hält, sondern auch in dich einfließt. Jetzt hast du die stärkste verbündete Kraft, die es gibt: die heilende, mächtige Energie der Erde. Überall ist sie. Du kannst überall dein Gefühl für sie aktivieren, in der Natur, zu Hause, in der Arbeit, im Flugzeug, im Gefängnis (und natürlich hoffen wir jetzt

beide, dass du dort nie landen wirst, doch solltest du diese Zeilen im Gefängnis lesen, sei dir bewusst, dass Lachen und körperliche Bewusstheit dich eher herausbringen als Heulen und Zähneklappern).
- Wenn du dich also geerdet hast, werde dir deines Atems gewahr. Begleite ihn einfach, ohne ihn zu verändern. Lass ihn ein- und ausfließen, wie er will.
- Während du den Atem wahrnimmst, sammle Entschlossenheit. Diese Entschlossenheit kannst du mit einem hörbaren, starken Ausatem unterstreichen. Konzentriere dich auf den Ausatem und sammle dich in ihm. Der Ausatem befreit dich vom Ballast deiner sinnlosen Gedanken, des Gifts, das in dich eingedrungen ist.

Ausatmen – entgiften. Einatmen – neue Kraft, neuen Sauerstoff schöpfen.

Atme ein Weilchen so, mit der Wahrnehmung im Atemfluss. Wenn du ausatmest, spür, wie die Rippen nach innen ziehen und der Nabel zur Wirbelsäule presst, sodass der Ausatem aus dem Körper gestoßen wird. Das stärkt die Mitte.

- Nimm die Schultern wahr und ziehe sie ganz bewusst nach hinten und unten, von den Ohren weg. Öffne die Handflächen nach vorn.
- Mit jedem Ausatem überprüfe deine Situation. In Gefahr oder in einer Situation der Verwirrung, der unbestimmten Bedrohung, einer Verknotung der Gefühle oder einer völligen Unklarheit ist es gut, die Möglichkeiten einer Lösung, einer Selbstverteidigung durchzugehen:

1. Kann ich einer Gefahr oder Bedrohung, einer Belästigung oder Bedrängung aus dem Weg gehen? Kann ich so eine Situation vermeiden? Dann ist das die beste Lösung.

2. Wenn die erste Lösung nicht möglich ist: Kann ich der Gefahr oder Bedrohung geschickt ausweichen, sie ablenken, durch Kommunikation die Situation entschärfen, bis Hilfe kommt oder ich nicht allein bin bzw. bis ich mich so herausgewunden habe, dass die direkte Bedrohung vorüber ist?

Zweitbeste Lösung. Lügen und Tricks sind in dieser Situation der persönlichen Notwehr selbstverständlich erlaubt.

3. Sind Punkt 1 und 2 unmöglich: Kann ich fliehen? Kann ich mich der Situation durch schnelle Reaktion und durch Entfernung vom Ort des Geschehens entziehen? Dann nix wie los. Flucht ist nur dann von Vorteil, wenn die Strecke, die zu bewältigen ist, nicht die eigene Fähigkeit zum Rennen übersteigt, wenn es einen Ort in der Nähe gibt, wo Menschen entweder vorbeikommen oder sich aufhalten.

4. Ist all das Beschriebene unmöglich, muss ich mich verteidigen. Wer das liest und weiß, dass eine Verteidigung nicht möglich ist, weil sie nie trainiert wurde, besucht einen Grundkurs in Selbstverteidigung. Auf einen körperlichen Kampf kann sich nur einlassen, wer entschlossen genug ist, körperlichen Einsatz zu bringen. Schreien, in eine Trillerpfeife blasen, Handynotruf usw. sind auch gute Möglichkeiten, auf sich aufmerksam zu machen.

5. Durchlässigkeit. Sie ist die beste Selbstverteidigung, aber schwer zu erreichen. Allerdings macht es großen Spaß, Gelassenheit, Heiterkeit, Überlegenheit, Entschlossenheit und schließlich Durchlässigkeit zu üben. Durchlässigkeit gelingt nur, wenn die eigene Situation nicht verklärt, romantisiert, dramatisiert, aufgebauscht, kleiner gemacht oder gewertet wird. Es ist, wie es ist. Aber wie ist es? Mit welchen Menschen lebe ich? Wie sprechen sie mit mir, wie behandeln sie mich? Wie behandle ich sie? Was werfe ich ihnen vor? Wie sind unsere Konflikte? Unsere Berührungspunkte? Wer schwächt mich? Was schwächt mich? Was stärkt mich? Welche Personen stärken mich? Was empfinde ich als Stärke, als Schwäche? Wie reagiere ich, wenn Menschen, die ich liebe, sich gegen mich wenden? Wie oft lasse ich Beobachtungen oder Informationen unter den Tisch fallen, weil ich sie nicht wahrhaben will? Wie fühlt es sich an, wenn ich mich irgendwo unwohl fühle? Wie begegne ich diesem Gefühl?

Diese Konzentration auf die eigene Kraft ist die Grundvoraussetzung von Schutz. Schutz besteht nicht darin, zurückzuweichen, sondern ein lebendiges, sich ständig erneuerndes Energiefeld aufzubauen, das für ein Gegenüber, welches auch immer, unberechenbar ist. Lass die Höflichkeit fallen, die guten Umgangsformen, die Fragen: Wie sehe ich aus? Was denken die/denkt der jetzt von mir? Bin ich peinlich? Atme allen Ballast aus. Sei ganz da.

Atemübung, die Kraft in den Bauch bringt
- Atme tief ein und stoße den Ausatem nach außen, indem du gleichzeitig die Bauchdecke nach innen presst. Die Bauchmuskeln drücken den Atem stoßweise aus dem Körper.
- Mach das zehn, zwanzig Mal.
- Dann atme weiter, ohne den Atem irgendwie zu beeinflussen.
- Wiederhole diese Übung ein paarmal, leg dich danach auf den Rücken und nimm wahr, was die Atembewegung im Körper auslöst.

Wenn du diese Übung öfter machst, bekommst du einerseits starke Bauchmuskeln, und das ist wieder gut für den Rücken und die zentrierte Kraft im Körper, andererseits lernst du, den Atem zu konzentrieren und mit dem Atem zu arbeiten. Denn Schutz und Selbstverteidigung haben sehr viel mit konzentriertem Atem und wachem Körper zu tun. Ein starker, geschmeidiger, gut beatmeter Körper wird eher selten angegriffen. Ein wacher, heiterer Geist strömt keine Angst-Pheromone aus, die Voraussetzung sind, dass Gewalttäter Witterung aufnehmen.

Der Weg in den Schutz ist der Weg zur Stärkung des eigenen Körpers und der eigenen Energie. Jenseits von psychologischen Wahrheiten und Analysen gibt es sehr wohl einen energetischen Weg, der Blockaden wahrnehmen und freiatmen, frei bewegen kann. Um die Inhalte der Blockierungen kannst du dich immer noch kümmern, wenn du mal Zeit und Lust dazu hast.

Der magische Weg ist nicht der Weg in die Therapie, sondern die Spur der Energie. Wo gebe ich Energie hinein, was kommt dabei heraus? Wenn ich Energie investiere und hinterher noch erschöpfter und zerstörter bin als vorher, ist es schade um die Energie.

Magischer Schutz und schamanische Traditionen

Schutzrituale beruhen auf der Vorstellung, dass es hinter der sichtbaren, greifbaren Wirklichkeit eine energetische Ebene gibt, in der alles, was existiert, geschaffen, geträumt wird. Jeder Angriff hat im magischen Weltverständnis eine Ursache und eine Verwurzelung in der nichtstofflichen Welt. Die magischen Traditionen rund um den Erdball gehen davon aus, dass jede Handlung auch in die vielen Schichten feinstofflicher Ebenen wirkt. So kann eine sichtbare, greifbare Wirklichkeit von der feinstofflichen Ebene aus verändert werden, denn alle Ebenen sind untrennbar miteinander verbunden.

Was Zauberinnen schon vor Tausenden von Jahren wussten, geht heute in die Praxis der Ermittlungsbehörden ein: In einem Haar, einem Nagel, einem Hautpartikel befindet sich die ganze Information des Menschen. Auf einen Teil einzuwirken bedeutet, den ganzen Menschen zu beeinflussen.

In schamanischen Traditionen gibt es die Vorstellung von der Unterwelt der Dämonen und Geister, der Mittleren Welt der Menschen und der Oberwelt mit der schamanischen Tiermutter und den Helferwesen. Die Welten sind durch einen schamanischen Lebensbaum versinnbildlicht. In den Wurzeln befinden sich die Geister und Dämonen, auf den Zweigen leben die Menschen und oben in der Krone sitzt die schamanische Tiermutter mit den Helferwesen. Die schamanische Arbeit besteht darin, Krankheiten und Bedrohungen mithilfe der Hilfsgeister und Helferwesen oder des Hilfstieres abzuwenden oder die Seele mithilfe dieser Wesen zurückzuholen.

Sowohl die schamanische als auch die magische Tradition arbeiten in allen Seins-Ebenen, auch und besonders in jenen, die von der Wissenschaft nicht anerkannt sind. Schamanismus gibt es vor allem in den Nordregionen der nördlichen Erdhalbkugel, also bei amerikanischen UreinwohnerInnen, in Sibirien, Tibet, Nepal, in Nordeuropa, in Nordasien. Magische Traditionen finden sich eher in der südlichen Halbkugel: Afrika, Australien, Indien, Südasien, Südeuropa und den arabischen Ländern. Während die magischen Traditionen mit Zaubermitteln auf eine Situation einwirken, ist es die Bestrebung in schamanischen Traditionen, durch Kontakt, Kommunikation, rituellen Streit, Kampf und Musik/Gesang auf die Welt der Geistwesen Einfluss zu nehmen. In Ritualen werden die schamanischen Tiere, die Helferwesen angerufen, wird die schamanische Tiermutter geweckt und mit dem Problem vertraut gemacht.

Für beide Traditionen gilt: Der Augenschein zeigt nicht die energetischen Wurzeln einer Situation. Was sich in der Welt der Menschen ereignet, ist nur eine Spiegelung der Energie, die anderswo am Wirken ist.

Ein Ursprungsmythos in Tibet erzählt von einem Mann, der jede Nacht fortgeht und tropfnass nach Hause kommt. Die Frau wundert sich und schleicht ihm eines Nachts nach. Sie sieht, wie er in den See springt und nach der Spiegelung des Mondes schlägt. Als er wieder nach Hause kommt, fragt sie ihn, was er da treibe. Er wolle den Mond fangen, gesteht er kleinlaut. »Du Narr«, sagt sie. »Du musst lernen, die Spiegelung von der Wirklichkeit zu unterscheiden. Schau hinauf. Der Mond steht am Himmel, was du im See siehst, ist nur sein Bild.«

So wie die Spiegelung des Mondes nicht der Mond selbst ist, so ist auch ein Ereignis in unserer Welt nicht die wahre Ursache der Situation, wie sie sich uns darstellt. In der Welt der Impulse und Energien bündeln sich Kräfte und lösen sich wieder auf, während in der Welt der Menschen vielleicht ein Haus gebaut wird und einstürzt.

SchamanInnen und Medizinleute gehen von Geistern aus, die Menschen besuchen und vielleicht stören. Bedrohung entsteht, weil zwischen der Menschenwelt und der Welt der Geister und Energiewesen keine Harmonie besteht. Schutz kommt deshalb eher selten durch Abwehr, sondern oft genug durch ein Erkennen der auslösenden Kräfte und ihrer Befriedung. Das bedeutet jedoch keinesfalls, dass magischer oder schamanischer Umgang mit Bedrohung die Situation verniedlicht oder

oberflächlich befriedigt. Ist zum Beispiel ein Mensch in Sibirien krank und wird ein Schamane dazugerufen, dann wird dieser Schamane zuerst zu den Herren der Krankheit reisen und fragen, was sie sich wünschen. Sie geben durch, was für sie getan werden soll, und das wird in der Welt der Menschen umgesetzt. Zum Beispiel wird gegessen und getrunken, die kranke Person in Eiswasser getaucht, mit Waltran eingerieben und in Filz gehüllt ans Feuer gelegt. Alle Beteiligten singen nun etwas über die kranke Person und die Ereignisse, die es in letzter Zeit so gegeben hat. Am Ende der Feier wird die kranke Person erschöpft schlafen, während alle anderen ein schönes Fest hatten. Die Herren der Krankheit ziehen weiter.
Rituale greifen in die Ebene der Energien ein, verbünden sich, sickern zum Ursprung aller Materie durch, umspielen die Fragmente allen Seins, werfen spielerisch alles durcheinander, um es neu wieder zusammenzusetzen. Wie das Problem schließlich gelöst wird, spielt für mich keine Rolle. Wenn mir jemand sagt: »Das ist nicht durch euer Ritual verhindert worden, das hat sich halt wirtschaftlich nicht gelohnt«, dann ist das für mich völlig unerheblich. Ich mache ein Ritual, das Problem wird auf der energetischen Ebene thematisiert und dann lasse ich es los. Ein Bauer gräbt ja auch nicht das Korn, das er gesät hat, aus, um zu sehen, ob es auch aufgeht. Rituale überprüfen zu wollen wäre wie Gras sähen und dann an den Halmen zu ziehen, damit sie schneller wachsen.
In einem Ritual wird die Welt neu erschaffen, sagt ein Sprichwort der Yoruba in Nigeria, Westafrika. Wenn es

keine Rituale mehr gibt, so ist die Überzeugung der Yoruba, dann geht die Welt zugrunde. Vielleicht ist deshalb die Sehnsucht, diese »irrationale Aufwallung rationaler Menschen« so groß, wieder Rituale zu feiern, sich wieder zu verbünden mit den geheimen Kräften der Erde.

In Ritualen wird das Gewebe der Welt neu gewebt, verbinden sich Menschen mit anderen Wesen und balancieren so das Ungleichgewicht aus, das durch den Alleinanspruch der Menschen entstanden ist. Rituale erzeugen Heiterkeit ebenso wie Demut und damit meine ich nicht diese hündische Untergebenheit, sondern das Bewusstsein dafür, dass wir eingebunden sind in einen komplexen Organismus. Wir haben uns an den Rand der totalen Vernichtung manövriert. Das Einzige, was uns jetzt hilft, ist die närrische Kraft, die spontane, unbefangene Bereitschaft, alles wahrzunehmen, mit allem in Verbindung zu treten und herzlich zu lachen.

Zu Beginn einer spirituellen Schutzhandlung steht das ORAKEL. Dadurch soll herausgefunden werden, welcher Art die Bedrohung wirklich ist, also in allen Ebenen des Seins. Im Orakel liegt zugleich wieder die größte Gefahr, den falschen Weg einzuschlagen und in noch größere Bedrängnis zu geraten. Falsche WahrsagerInnen und ZukunftsdeuterInnen können einen Menschen in Not in unvorstellbare Schrecken jagen. Besser wäre es, ein Orakel zu machen, in dem die eigenen Motive, Hintergründe und Absichten sich spiegeln und zum Ausdruck kommen. Man muss sich klarmachen, dass auch dort, wo magische oder schamanische Arbeit zur Tradition gehört, viele Scharlatane am Werk sind. Deshalb sollte man sich niemals allein auf andere verlassen. Auch die Hinwendung zu TherapeutInnen ist nicht unproblematisch. Die letzte Instanz vor einer Handlung sollte die eigene Überzeugung, das eigene Gefühl sein – und die Verantwortung dafür. Fühle ich mich bei einer Heilerin, einer Therapeutin, einem Arzt wohl, dann kann der Heilweg beginnen.

Für das Orakel wählten die weisen Leute eines Volks den Weg der Wolken, die Spuren, die ein Tier in einer Zeichnung im Sand zieht, die Spiegelung in einer Wasserpfütze oder die Stimmen des Windes oder der Bäume. Die Tarotkarten können auch gute Dienste leisten. Man wählt ein Kartenspiel, in dem die Symbole oder Bilder der eigenen Bilderwelt am besten entsprechen, und lässt sich zunächst auf das eigene Gefühl, auf die eigene Fantasie bei der Deutung der Bilder ein. Viele Beschreibungen von Horoskopen oder Tarotkarten sind sehr moralisch und festgelegt, z. B. »Gefahr von Unfällen« oder »ungünstige Energie« oder Ähnliches. Ich finde es sinnvoller, die Art der Energie zu erforschen und sie nicht in gut oder schlecht einzuordnen. Wenn ich also den Tod ziehe, heißt das für mich nicht, dass jemand stirbt, sondern es kann bedeuten, dass ich mich von Menschen oder Situationen lösen muss, dass ein Zustand zu Ende geht. Dass ich mich erneuere. So habe ich zwei Tage vor einer Lebensmittelvergiftung den Tod gezogen, daraus keine weiteren Schlüsse gezogen und mich danach drei

Tage lang im wahrsten Sinn des Wortes erneuert und regeneriert. Eine durchaus positive Erfahrung! Ich musste Ballast abwerfen und mich erneuern.

Der beste Umgang mit einem Orakel ist bei aller Hilfe durch weise Menschen, die Entscheidung bei sich selbst zu lassen. Das Pendel sagt Ja. Ich habe dabei kein gutes Gefühl. Also sage ich mir: Ich lasse mir doch nicht von einem Pendel vorschreiben, was ich zu tun habe. Also hat mir das Pendel geholfen, zu meiner eigenen Entscheidung zu finden. Ich würde immer meinem Gefühl folgen. Denn aus meiner Erfahrung gibt es keinen falschen Weg. Auf jedem Weg mache ich Erfahrungen, die ich brauchen kann. Wichtig ist, dass man offen und wachsam bleibt und schnell reagiert, wenn sich der Wind dreht.

Die TRANCE ist ein wesentlicher Bestandteil der spirituellen Arbeit und so auch des Schutzes. In der Trance verschiebt sich die Perspektive der Realitätserfahrung, werden die vielen Schichten der Wirklichkeiten erlebbar. In der Trance erwacht der Traumkörper in die Traumzeit, wie die australischen Aborigines das beschreiben. Die Trance ist die Schnittstelle zwischen der materiellen Welt und den vielen Wirklichkeitsebenen jenseits der Materie. Der Alltag fällt ab. In der Trance treffen sich die Wesen der anderen Ebenen mit den Menschen. Durch monotones Singen, Körperschaukeln, Trommeln, Rasseln – in manchen Kulturen auch durch die Einnahme von halluzinogenen Substanzen – fällt die Zau-

berperson durch das Tor der sichtbaren, greifbaren Wirklichkeit in andere Ebenen und erfährt so die Ursprünge der alltäglichen Wirklichkeit. Typisch für Trancezustände sind nicht etwa wild zuckende Bewegungen und Schaum vor dem Mund.
Susanne Wenger, Priesterin der Yoruba in Nigeria, beschreibt es so: »Der Körper bleibt hellwach, während der Geist in andere Wirklichkeiten reist. So ist es möglich, dass der Körper tanzt, während der Geist anderswo weilt.« Für indische Fakire ist es unerlässlich, dass eine Bewacherperson ihren in Trance liegenden Körper bewacht, damit der Geist auch sicher zurückfinden kann. Auf jeden Fall wird eine Trance in Stammeskulturen im geschützten Rahmen induziert, durch Tanzen, Singen, rhythmische Geräusche unterstützt und sicher begleitet und beendet durch Zauberin oder Schamanen.
Heilung und Schutz vor Krankheiten sind die häufigsten Auslöser für Trancen, in denen die Geister um Hilfe und Schutz gebeten werden. Auch Körperbemalung hat hier eine große Bedeutung. Sie ist die Sprache, die Geister verstehen, die eine Person in Trance aus der Alltäglichkeit in die rituelle Wirklichkeit holt. Durch Körperbemalung und Masken, durch besondere rituelle Kleidung wird die entsprechende Person in Trance von den Geistern erkannt und beschützt. Durch rituelle Veränderung des Körpers wird dieser vor Schaden bewahrt.

Schutzritual

Ich lege einen Kreis aus Steinen um mich herum aus. Die Steine habe ich zum Teil schon sehr lang und habe einen guten Kontakt zu ihnen. Ich berühre sie oft, sie sind mir vertraut. Ich habe sie gern. Wer keine Steine hat oder zu ihnen nicht so eine gute Verbindung pflegt, kann auch andere Dinge zu einem Kreis legen. Kleidungsstücke, Bücher, Stifte, beschriebene Blätter, Bilder. Es spielt keine Rolle, was im Kreis liegt, wichtig ist, dass es Dinge sind, die eine gute Atmosphäre haben, die man gern hat.
Wenn der Kreis gelegt ist, rufe ich meine Hilfsgeister und befreundeten Wesen.
Wie findet man die? Jeder Mensch hat wenigstens ein Tier, eine Pflanze oder einen Stein oder manchmal eben sogar einen Schutzengel, einen Geist, mit dem er oder sie gern Austausch pflegt. Manche haben einen grünen Daumen und Pflanzen, die besonders gut gedeihen, das wäre so eine Freundschaft, die ich meine. Manche tragen Handschmeichler, also schöne glatte Steine in der Tasche oder haben einen Stein im Garten, den sie sehr mögen. Vielleicht gibt es einen besonders guten Draht zu Katzen oder Hunden, zur Pharaonin Hatschepsut, zu

Maria oder der heiligen Rita, zu den Devas oder den wilden Truden. Herauszufinden, welche Wesen im Leben zu BegleiterInnen werden, ist eine wunderbare Abenteuerreise. Im Zeitalter des Internets kann man sehr schnell herausfinden, welche Informationen weltweit zu den gefundenen Namen oder Kräften zur Verfügung stehen. Manchmal findet man gar nichts. Macht nichts. Persönliche Helferwesen sind halt nicht immer international bekannt und dennoch mächtig.

Hat man nun Helferwesen gefunden, werden sie in den Kreis gebeten. Das RUFEN ist eine der wichtigsten magischen Handlungen. Was du brauchst, kannst du rufen. Was du rufst, kommt.
So kann auch Schutz gerufen werden, Verstärkung für die eigene Kraft, Hilfe gegen Angriffe aus der spirituellen Welt. Wer einmal die eigenen Helferwesen gefunden hat, kommt kaum noch in Bedrängnis.
Beschützt im Kreis, können nun alle Ängste und Bedrängnisse formuliert und den Helferwesen zur Bearbeitung übergeben werden. Das bedeutet keinesfalls, dass man selbst nicht mehr Verantwortung übernimmt. Vielmehr wird das Problem von der eigenen Verstricktheit gelöst und nach außen gegeben, wo man es mit anderen Augen sehen und von Helferwesen unterstützt lösen kann. Am Ende berühre ich alle Steine einmal im Kreis herum und bedanke mich bei meinen Helferwesen, trete aus dem Kreis heraus. Vielleicht räuchere ich noch mit Salbei, weil das die Luft klärt (das Räuchern mit Salbei

und Rosmarin oder Weihrauch kann auch Bakterien vertreiben, wirkt so also auch schützend auf die Gesundheit).

BANNEN gehört auch zu den magischen Künsten. So kann zum Beispiel in einem Ritual gebannt werden, was bedrohlich oder bedrängend ist. Allerdings muss alles, was gebunden oder gebannt wurde, wieder aufgelöst werden. Man spricht aus, was gebannt werden soll. Vielleicht steckt man zur Bekräftigung einen Stock in die Erde, der dann irgendwann wieder herausgezogen wird. Das Ritual ist besonders gut am Mittag zu machen. Man steckt, während das Problem ausgesprochen wird, das gebannt werden soll, einen Stock in den eigenen Schatten und tritt dann einen Schritt zur Seite, sodass sichtbar das Problem nicht mehr mit der eigenen Person verbunden ist. Wenn das Ritual irgendwo im Wald oder auf einer Lichtung gemacht wird, kann man sicher sein, dass Wind, Wetter oder wilde Tiere den Stock irgendwann lösen. Meistens fühlt man es, wenn der Stock und damit der Bann gelöst ist. Und meistens ist man dann in der Lage, sich wieder mit dem Problem zu beschäftigen, sofern es nicht überhaupt schon ganz erledigt ist.

In der magischen Tradition gehört das BINDEN zum Verstärken der eigenen Kraft. Manche ZauberInnen binden auch Menschen zusammen. Da das in den Bereich manipulativer Magie gehört, kann ich es nicht empfehlen. Die Ethik magischer Arbeit verlangt, dass zwar der eigene Wille gelebt, nicht jedoch anderen aufgezwungen wird.

Es ist dennoch denkbar, eine Kraft oder eine Eigenschaft zeitweise an sich zu binden, um sich zu stärken. Das Ritual könnte so aussehen:

- Ich nehme zwei Stöckchen, eins steht für mich und eins für die Kraft, die ich binden will. Während ich nun mit einem Faden die Stöckchen zusammenbinde, spreche ich aus, was gebunden sein soll. Ich kann es mit »So sei es« bekräftigen.

Wichtig ist, dass all die Zauberformeln, die Ritualformen, die Zeremonien und die Ordnung, die man erfindet oder übernimmt, wandelbar und spielerisch bleiben. Wäre die Natur so dogmatisch wie viele von uns, könnten wir nicht mehr atmen, trinken oder überhaupt leben. Es kommt nicht auf die Form an. Die Form soll etwas rufen, aber wenn es schon da ist, braucht's die Form nicht. Wenn also die Person, die ich einladen will, bereits vor der Tür steht, muss ich doch keine förmliche Einladung aussprechen. Wenn ich die Kraft spüre, die ich suche, muss ich nicht komplizierte Formeln erfinden, um sie zu rufen.

In der neuen Hexenbewegung gibt es viele neue Regeln, Gesetze, Schwüre und dergleichen. Manche bestehen auf Geheimhaltung und innere geheime Kreise, auf Prüfungen und Versprechen. Das kommt meiner Meinung nach aus einer falschen historischen Einschätzung. Nicht weil die »Hexen« zu viel von sich preisgaben, sind sie gestorben und sie hätten sich wohl auch nicht schützen können, indem sie geheime Zirkel gegründet hätten. Die Vernichtung der Frauen ging einher mit der Umstrukturierung der Kirchen. Die Kraft sollte gebrochen werden und das konnte keine Geheimbündelei verhindern. Schutz gegen Angriffe auf spirituelle Freiheit liegt vielmehr in der vollkommenen Offenheit und Durchlässigkeit. Wenn ich nichts geheimhalte, kann ich nicht erpresst werden. Es liegt in der Natur, die Kraft freizusetzen und zu zeigen oder unsichtbar zu machen. Dogmatische Regelungen sind nicht Teil der Natur.

Was gerufen und gebannt wurde, muss auch wieder gelöst werden. LÖSEN gehört zu den größten Künsten, weil es Vertrauen erfordert. Wer gelernt hat, mit der Natur zu leben, und die Zusammenhänge der Natur erspürt und verstanden hat, kann Vertrauen entwickeln. Ich kann mich nicht um alles kümmern, das ist auch gar nicht im Sinn des Weltgeschehens. Das Eingreifen der Menschen hat mehr Schaden als Nutzen gebracht und so ist es manchmal sinnvoller, zurückzutreten und alles sein zu lassen. Das heißt nicht, dass beherztes Eingreifen nicht sinnvoll wäre, wo es die Not wendet. Das Lösen gehört für mich zu einem Teil meiner Alltagsrituale. Ich räuchere mit Salbei oder Rosmarin, mit Benzoe oder Styraxharz (reiner Weihrauch aus Oman) und spreche alle Kräfte los, die mir anhaften. Das ist sehr befreiend und hilft, unerwünschtes Lebensgepäck abfallen zu lassen. Räuchern gehört zu meinen Erste-Hilfe-Maßnahmen, wenn es mir nicht gut geht oder ich mich von einem Problem lösen will.

Die höchste magische Kunst ist das WANDELN. Es ist zugleich die beliebteste Märchenvariation und die unsichtbare Kraft, die einen Zustand unmerklich verändert. Für Kinder besteht Magie fast durchweg in Verwandlung. Mensch zu Stein. Mann zu Frosch. Frau zu Vogel. Doch ist das Wandeln eine komplexe Kraft, die tief in den spirituellen Schichten eine Veränderung bewirkt, die noch lange nicht in der materiellen Welt sichtbar wird. Wenn ich der Kunst des Wandelns mächtig bin, habe ich aufgehört, mich zu beklagen, andere Menschen oder Ereignisse für meine Situation verantwortlich zu machen. Ich habe aufgehört zu rennen, zu erklären, zu entschuldigen. Stattdessen bin ich eingesunken in die Ebene, wo alle Formen entstehen. Ich träume. Fern von Schuldzuweisung und Vorwürfen treibe ich im universellen Raum der ursprünglichen Energie. Absichtslos. Heiter. Wandlung geschieht nicht durch Manipulation oder zielgerichtete Aktion. Wandlung ist allein durch das Rufen einer Form und ihr Loslassen möglich. Zu wissen, was sein könnte, ohne dieses Sein zu zwingen, ist die Voraussetzung dafür, dass neue Formen entstehen, alte gewandelt werden.
Ein Beispiel: Lange Zeit waren mir Autos und Parkhäuser ein Dorn im Auge. Ich träumte mir Parks und Grünflächen. Das Parkhaus, an dem ich am häufigsten vorbeigehe, ist jetzt eine Dependance der Münchner

Kammerspiele. Oder: Der Sexshop in unmittelbarer Nähe der Wohnung, in die ich gerade eingezogen war, war uns allen unerträglich. Närrisches Spielen und Träumen machte aus dem Sexshop einen Kinderladen, ein Stadtteilbüro und jetzt eine Werkstatt für Musikinstrumente. Dabei habe ich keinesfalls »gezaubert«, dass die jeweiligen Einrichtungen verschwinden sollten. Traum ist das Herz der Wirklichkeit. Mantren sind mächtig. Was gesprochen, gerufen wird, kommt. Was geträumt ist, hat begonnen, Teil der Wirklichkeit zu sein.

Auf einer Reise in Afrika übernachtete ich in einem Gästehaus in Abomey, dem früheren Dahomey, also der heutigen Volksrepublik Benin. Die Tür konnte nicht geschlossen werden. Ich fühlte mich etwas ungeschützt und überlegte, was ich tun könnte, um mich abzusichern. Ich reiste mit einer Tasche, die ein Leopardenmuster hatte. Also stellte ich die Tasche in die Tür und besprach sie: Wenn jemand kommt, verwandle dich in einen Leoparden. Ich schlief ruhig und gelassen ein. Niemand kam. In der Nacht wollte ich zur Toilette gehen, kam zur Tür und erschrak zu Tode: ein Leopard! Erst als ich wieder hellwach war und das Licht vorsichtig angemacht hatte, wurde mir klar, dass ich auf meinen eigenen Verwandlungszauber hereingefallen war.

Schutzengel, Helferwesen

Für zaubermächtige Menschen ist es Teil ihrer Initiation, ihre Helferwesen, Schutztiere oder Verbündeten kennenzulernen, denn auf dem Weg in die Unterwelt geben sich diese Wesen entweder zu erkennen oder der Weg ist hier zu Ende. Dabei darf man sich die Unterwelt nicht wie einen Sündenpfuhl vorstellen, in dem man untergeht. Das ist die religiös-moralische Idee, die erfunden wurde, um die Erlösung gleich mit verkaufen zu können. Denn wo keine Verdammnis, kein Gut und Böse, keine Rettung vor der Sünde, da fließt auch keine Kirchensteuer.

Das Konzept des schamanischen und magischen Weltbildes sieht in der Unterwelt die ErddämonInnen, die archaischen Kräfte, die die Welt zusammenhalten. Nicht jeder Mensch muss sich mit ihnen konfrontieren. SchamanInnen und Zauberkundige jedoch wollen den alten Erddrachinnen, den DämonInnen aus der Tiefe des Seins begegnen. Um ihnen gewachsen zu sein, gehen sie in diese Begegnung mit ÜbersetzerInnen und Schutzwesen. Um gut und böse geht es dabei nicht, sondern um starke Energien, die ausgehalten sein wollen.

Schutz- und Helferwesen sind auch im Alltag eine gute Begleitung, die über den Suppentellerrand hinaussehen lässt.

Die Idee des magischen Schutzes durch Helferwesen ist, die Kompetenz des Schutzes in eine tiefere Ebene sinken zu lassen, dorthin, wo Gefahr und Schutz ursprünglich entstehen. Schutzwesen sind die V-Leute auf dieser Ebene, sie erkennen Gefahren aus dem Energiepotenzial, das erkennbar wird. Vielleicht sind sie einfach Teil von uns selbst, von unserem nichtkörperlichen universellen Wesen, das weiter reisen, heller sehen und wahrer sagen kann. Vielleicht sind sie Energiewesen, die sich zu uns gesellen, weil wir sie einladen.

Wir begegnen ihnen manchmal in Situationen von Gefahr oder Bedrängnis, in Meditation oder Versenkung, im Traum oder sogar über ein ganz körperliches Erlebnis zum Beispiel mit einem Tier.

Ich war Ende Februar mit dem Auto auf dem Weg zu einer Lesung unterwegs. Der Schnee lag noch hoch. Vor mir fuhr ein Räumfahrzeug und im Augenwinkel sah ich ein Tier durch die Luft fliegen und in der verschneiten Wiese liegen bleiben. Ich hielt in einem Seitenweg an und lief zu dem Tier. Eine Füchsin mit hellem Winterfell lag blutend auf dem Schnee. Ihre Milchdrüsen zeigten, dass sie Junge hatte. Ich setzte mich zu ihr und hob sie auf meinen Schoß, hielt sie, sang für sie, ging mit ihr an der Grenze zwischen Leben und Tod entlang zu der Öffnung, die sich auftut, wenn ein Wesen den Körper verlässt. Plötzlich drehte sie den Kopf zu mir und sah mich an. Unsere Blicke verschmolzen, ich wurde Teil von ihr, sie wurde Teil von mir. Eine starke warme Energie durchströmte mich, obwohl es kalt war und ich keine Jacke trug. Ihr Körper erschlaffte in meinen Armen, ich trug sie zum Wald, bedeckte sie mit Zweigen und ging zurück zum Auto. Während ich durch den Schnee stapfte, spürte ich ihre Energie bei mir. Sie war zu meiner Begleiterin geworden. In der Nacht nach der Lesung ging ich noch einmal zum Waldrand, um nach ihr zu sehen – sie war nicht mehr da. Doch seither ist die Füchsin meine Begleiterin. Als ich selbst verunglückte und den wahnsinnigen Schmerz nicht mehr aushalten konnte, legte sie sich unter mich und hielt meinen zerbrochenen Körper zusammen. Andere Helferwesen kamen weit weniger spektakulär zu mir. Meine Katze zum Beispiel blieb mit mir auch nach ihrem Tod verbunden. Oft spüre ich sie nachts auf meiner Bettdecke in der Kniekehle und wenn ich ihre Weisheit dringend nötig habe, rufe ich sie.

Kinder haben oft Schutzengel, ohne dass jemand sie gerufen hat. Wo nur sind diese Schutzengel, wenn Kinder verhungern oder getötet werden?

Da Energiewesen auch im Energiefeld der Menschen leben und gerade dieses Energiefeld brauchen, um sich zu manifestieren, sind sie umso stärker, je mehr sie gerufen und erkannt werden. Das Göttliche ist auch Teil des Menschlichen. Ohne das menschliche Sehnen kann es sich Menschen nicht zeigen. Es ist auch Teil der Natur und manifestiert sich in der Natur. Doch wollen Menschen das Göttliche wahrnehmen, rufen, feiern, braucht es wenigstens eine Person, die es erkennt. Es ist da, doch muss es erkannt, erwünscht werden. Die vielen Wallfahrtsorte zeigen, dass es immer eine Zeit gibt, in der das Wünschen hilft. Es ist die Zeit der Versenkung ins eigene Göttliche. In Trance wandernd, ganz verbunden mit allen Dimensionen des Seins, wird Unmögliches möglich, Unaussprechliches ausgesprochen, Unerhörtes gehört. Maria hat geholfen, ist die Formel für: Weil ich es wünschte und glaubte, weil ich meine ganze Energie da hineingegeben habe, ohne sie durch Zweifel zu blockieren, weil ein wilder Lebensfunke zum Feuer wurde, weil diese Energie, die ich ausstrahlte, magnetisch gleiche starke Kräfte anzog, weil das Spirituelle das Körperliche überwand, wurde mir geholfen.

Niemand muss Schamane oder Schamanin sein, um Helferwesen zu haben. In der schamanischen Einweihung und in magischen Ritualen gehört das Kennenlernen der Helferwesen zur Voraussetzung, die Übergänge zwischen dieser Welt und den anderen Seinsebenen zu finden. Wer keine solche Berufung oder Ausbildung hat oder machen will, ruft die Helferwesen ganz natürlich, so wie es vermutlich seit Tausenden von Jahren gemacht wurde: Welche Tiere und Pflanzen, welche Steine, welche Wesen der Natur nähern sich mir ohne Scheu, welche liebe ich besonders, welche lieben meine Nähe, mit welchen umgebe ich mich in Form von Fotos, Kuscheltieren oder anderen symbolischen Darstellungen. Wer zu Hause eine Katze beherbergt, hat instinktiv schon ein

Helferwesen zu sich geholt, denn Katzen sind sehr telepathische Tiere, die Menschen auch ohne magischen Hintergrund helfen. Auch Träume sind ein Hinweis. Wer von Tieren, Pflanzen, Steinen, Geistern oder anderen Wesen träumt, kann mit diesen Wesen Kontakt aufnehmen und sie in der Tagwirklichkeit rufen. Die nichtverkörperte Welt kommt uns nicht nur im Ritual, in der Trance entgegen, sondern auch im Traum, in den Zwischenzuständen vor dem Einschlafen und nach dem Aufwachen.

Wer einen besonders starken Draht zu einem Tier, einer Pflanze oder einem Stein hat, vielleicht sogar seit der Kindheit, kann davon ausgehen, dass dieses Wesen zu einem Helferwesen werden kann. Die ersten Helferwesen eines Kindes sind nicht selten der Teddy oder ein Zwerg, ein Affe, ein Delphin als Kuscheltier. Wer Kinder im Kontakt mit diesen Kuscheltieren beobachtet, weiß, wie es sich anfühlt, ein magisches Helferwesen zu haben. Ein Kind sagt nicht: Das ist nur Plüsch, das lebt nicht. Es weckt sein eigenes Tierbewusstsein und ist offen für einen lebendigen Austausch. Manche Menschen sammeln Steine oder Muscheln – ein Hinweis auf die Nähe zu diesen Substanzen und ihren Essenzen.

Mein erster ganz bewusster Kontakt zu Wesen der Natur geschah auf einem Waldspaziergang. Vorher hatte ich zwar einen Stein, der mich schützte, eine Beraterin namens Elisabeth, die auf dem Dach der Sattlerei wohnte, und den Teddy Petzi, alle Samstage außerdem die Porzellanpuppe Irmi, die eine Freundin fürs Leben wurde, doch hatte ich selbst nie bewusst Kontakt hergestellt. Diese Wesen waren einfach da und ich nahm sie wahr. Auf dem besagten Waldspaziergang hatte ich ein fast schockierendes Erlebnis. Ich sah die Bäume, die Sträucher, sah einen Fuchs und plötzlich durchfuhr mich eine Erkenntnis wie ein Stromstoß: Ich werde gesehen. Ich werde wahrgenommen. Die Bäume beugten sich interessiert zu mir, das Gras und die Blumen der Lichtung wiegten sich vor mir, der Fuchs wartete. Ich bin nicht allein. Ich werde wahrgenommen. Aus dieser ersten Erkenntnis, dass meine Welt nicht mehr einseitig aus »Ich nehme wahr, ich nutze, ich schütze« besteht, sondern dass Impulse genauso von anderen Lebewesen kommen, die mich wahrnehmen, mich nutzen, mich schützen, wurde eine intensive Beschäftigung mit der Sprache der Pflanzen, der Tiere, mit dem Kennenlernen anderer Lebewesen und schließlich auch mit dem intensiven Kontakt zu magischen Verbündeten.

Wer Schutz sucht und Helferwesen braucht, kann rufen. Im wahrsten Sinn des Wortes. Es geht nicht um komplizierte Rituale unter Anweisung von irgendwelchen Kultpersonen, sondern um Rufen. Aussprechen, was kommen soll. Die Wesen, die in der Nähe sein sollen, spüren die Energie, die sie sucht. Doch ist es keine einseitige Ausbeutung, sondern eine Freundschaft. Wenn der Froschkönig der Prinzessin die goldene Kugel wiederbringt und dafür von ihrem Teller essen und in ihrem Bett schlafen will, so hält die Prinzessin das vielleicht für entbehrlich und doch ist es Voraussetzung der magischen Verbindung. Wenn ein Tier mir drei Haare gibt und sagt, ich werde dir deine Hilfe vergelten, dann ist das keine Wunschvorstellung. Da das Erleben stärker ist als Glauben, wird die Reise zu den Helferwesen eine beglückende Abenteuerreise in die Freundschaft mit Wesen der anderen Wirklichkeit.

Die eigenen Dämonen besänftigen

Am Anfang ist der eigene Raum. Er wird genährt, bedrängt, gepflegt, zerstört, akzeptiert, verweigert. Der eigene Raum ist unser Kraftfeld. Und während wir beginnen, uns diesen Raum in der Welt einzurichten, ihn zu erfühlen, uns selbst wahrzunehmen, wird dieser Raum, werden wir selbst mit Informationen, mit Impulsen, mit Befehlen und Verboten, mit Flüchen und Segen überschüttet, noch ehe wir so recht begriffen haben, wo wir sind, wer wir sind und was hier überhaupt los ist. Während wir lernen, uns in der Außenwelt zu akklimatisieren und einzurichten, müssen wir viele kleine Demütigungen, Niederlagen und Einordnungen hinnehmen, die wir noch gar nicht verstehen. Hirnforscher sagen, dass dieser Prozess der ersten Orientierung mit dem Anlegen der Vernetzung im Hirn nach drei Jahren weitgehend abgeschlossen ist. In den ersten drei Jahren unseres Lebens sind wir hilflos. Mag auch der eine oder andere Junge schon seinen Bruder mit der Flinte des Onkels erschossen haben, hinter dem Steuer des Vaters den Wagen zu Schrott gefahren oder im Flugzeug heimlich nach Griechenland geflogen sein, mag ein zweijähriges Mädchen seine Schwester vor dem Sturz in die Jauchegrube gerettet oder eine Dreijährige das Haus angezündet haben – die wenigsten von uns erinnern sich überhaupt an die Zeit zwischen der Geburt und dem dritten Lebensjahr. Viele Freuden und Qualen, die wir in dieser Zeit erleben, werden für immer im Dunkel unseres Nichterinnerns leben und doch ist das die Zeit, in der die Dämonen genährt werden, die uns später immer wieder beglücken oder quälen, verfolgen oder begleiten werden.

In dem Film »Wer früher stirbt, ist länger tot« wird auf wunderbare und bezaubernde Weise die Qual der frühen Kindheit, die Hilflosigkeit des Kindes vor den Urteilen der Erwachsenen gezeigt. Die Mutter stirbt bei der Geburt des zweiten Sohnes. Der ältere Bruder zwingt nun den Kleinen, sich bei der Mutter dafür zu entschuldigen. »Entschuldige, dass du wegen mir nicht mehr auf dieser schönen Welt leben darfst«, stammelt der Kleine. Von seiner großen Schuld schier erdrückt, stolpert er von einem Desaster ins nächste. Lachend, weil der Film rührend und komisch zugleich ist, fallen wir in den Raum der Erinnerung, in dem die Tür zum Raum der Nichterinnerung gelegentlich aufschwingt und die Dämonen herauswinken.

Dämonen-Party: *Ich bin schuld. Ich habe alles falsch gemacht. Ich wurde in der Kindheit nicht geliebt. Überall werde ich ausgeschlossen. Hätte ich. Wäre ich. War doch klar, dass das nicht gelingt. Wie konnte ich mir das nur einbilden. Lächerlich. Wahrscheinlich sitzen jetzt alle da und lachen über mich. Mich kann niemand lieben. Das ist für mich eine Nummer zu groß. Was bilde ich mir da ein! Wie komme ich überhaupt dazu, mich dafür zu bewerben! Ich bin hässlich. Ich bin unfähig. Kein Wunder, dass mich niemand mag.*

Wenn wir nur lang genug hineinstarren in den dunklen Raum und selbstmitleidig genug heizen, kommt bestimmt plötzlich eine Fratze aus der Tiefe des Raums und sagt: »Ich vernichte dich.«

Die eigenen Dämonen sind auf Nahrung angewiesen. Sie wachsen mit dem Grad an Selbsthass, Selbstverachtung und Wehleidigkeit. Sie nähren sich von schlechter Laune, Wut auf andere, Vergleichen mit anderen. Sie brauchen das Grübeln und Zweifeln. Jede positive Energie implodiert, wenn sie mit den Dämonen der Selbstvernichtung in Berührung kommt. Sie wollen triumphieren, sie bleiben unter der Oberfläche des mühsam gefundenen Friedens im Alltag, sie lauern, sie lassen nicht locker. Oder ist das alles nur ein Irrtum?

Werden sie nicht blass und machtlos, wenn eine klare Ansage kommt? Wenn wir die Kräfte wieder zurechtrücken? Was heißt das schon: Ich bin unfähig? Sind wir nicht alle unfähig? Die einen in der Öffentlichkeit, die anderen im Kontakt mit Familie und Freunden. Die einen können nicht mal ein Spiegelei braten, die anderen kein Auto reparieren. Manche kennen sich immer noch nicht mit Computern aus, anderen stirbt der Petersilienstock auf dem Küchenfenster unter den Händen. Der Frieden mit den eigenen Dämonen beginnt mit einer erstaunlichen Energie, von der ich noch vor einigen Jahren behauptet hätte, sie nicht zu kennen, und doch war sie die Grundlage meines Entzückens, meiner Magie, meiner Kreativität, meines Friedens: Selbstdisziplin.

Ich verweigere die Rutschbahn ins Selbstmitleid, ins dumpfe Beschuldigen anderer. Ich nehme alles wahr. Ich spreche es aus. Ich schließe meinen Frieden damit. Dann bin ich halt nicht überall beliebt. Dann laden die mich halt nicht ein. Dann kann ich halt das oder jenes nicht. Und ich bin verletzlich, kann krank werden, kann Misserfolg haben und am Ende werde ich sterben. Kein Problem, denn wie schon ein buddhistischer Lama sagte: Sterben ist ganz einfach, bisher haben es alle geschafft. Tibetische Meditierende setzen sich zum Befrieden der inneren Dämonen vor ein Bild der Totendämoninnen und lassen Leben und Tod, Demütigung, Qualen und Entzücken auftauchen und wieder verschwinden. Sie nehmen alles wahr, ohne sich damit länger aufzuhalten.

So können die eigenen Quälgeister zur Ruhe gebracht werden: *Ich nehme sie wahr, ich nähre sie nicht mit meiner Energie, ich messe ihnen keine Bedeutung bei, ich lasse sie auftauchen und verschwinden. Ich lasse nicht zu, dass sie sich wichtig machen, und ich mache mich nicht mit ihnen wichtig. Ich nehme meinen Körper, meinen Atem liebevoll wahr und lasse alle störenden Impulse wie Wasser auf Fett abgleiten. Und ich verzeihe mir alles, denn ich kann mir einfach nichts übel nehmen. Das ist der Beginn einer wunderbaren Freundschaft mit meinen Lebensgeistern und die Voraussetzung, mich vor Einflüssen von außen zu schützen, vor Zerstörung zu bewahren, Geborgenheit zu fühlen.*

Amulette und Talismane

Es kann gut sein, ein persönliches Amulett, einen Kraftstein, einen Talisman zu haben. Gegenstände, die an eine Situation der Kraft oder des Glücks erinnern, die eine besondere Energie für einen selbst enthalten oder mit denen man Freude, Stärke, Schutz verbindet. In magischen und schamanischen Traditionen werden zum Schutz vor allem Darstellungen von Augen, von Händen oder von Vogelkrallen/Hühnerkrallen sowie Knochen, Kaurimuscheln und Spiegel eingesetzt.

Das Auge
Es lenkt die Aufmerksamkeit des Betrachters auf sich und schützt somit alles, was dahinter liegt. Auch signalisiert es, dass die betrachtende Person »gesehen« wird. Wie im Internet keine Betrachtung möglich ist, ohne dass eine Spur zurückverfolgt werden kann, so gilt auch im spirituellen Raum: Jede Betrachtung wird registriert und zurückverfolgt. Das Auge symbolisiert diese Wachsamkeit. Es wird vor allem in arabischen und türkischen, aber auch süditalienischen Bräuchen zum Schutz eingesetzt. Glasamulette, Ringe oder Anhänger mit der

Darstellung eines Auges sollen die Trägerin, den Träger vor Unheil bewahren.

Hände
Sie zeigen tatkräftig, dass Verteidigung möglich ist, dass mit Gegenwehr gerechnet werden muss. Die bekannteste Darstellung einer Hand ist »die Hand Fatimas« aus arabischen Ländern. Diese Hand findet sich als Anhänger, als Schutz vor der Tür, als Requisit in Autos. Fatima, die Schwester Mohammeds, wird als schützende Kraft mächtiger eingeschätzt als der Prophet – wie auch Maria in katholischen Gegenden eher angesprochen wird, wenn es um Hilfe und Schutz geht. »Jesus hat geholfen«, sagt eigentlich niemand. Dagegen ist die Formel »Maria hat geholfen« Allgemeingut. Mit einer aufgestickten Hand auf Blusen oder Kleidern schützen sich Frauen ebenso wie mit hennabemalten Händen, die erhoben werden. Allerdings zeigt gerade das Beispiel der Hand, dass es nicht reicht, sie nur als Symbol zu tragen. Die Hand ganz praktisch für den eigenen Schutz einzusetzen, sich zu widersetzen, Widerstand zu leisten, kann wichtiger werden als einfach nur ein Symbol zu tragen. In der Schutzthematik geht es deshalb immer wieder um das Verbinden von praktischer körperlicher Verteidigung und Unterstützung durch spirituelle Kräfte.

Krallen
Vogelkrallen und Hühnerkrallen symbolisieren vor allem in den magischen Kulten Afrikas, Südamerikas und

Südeuropas mächtigen Schutz – gelegentlich sogar durch Angriff. Die Kralle ist ein Greifinstrument, das Beute festhält. Wer eine Kralle einsetzt, will nicht nur passiv dahinter Schutz suchen, sondern signalisiert damit, dass hier aktive, lebendige, unangepasste Energie am Werk ist, die Angriffe nicht tatenlos hinnimmt. Jahrelang hatte ich eine Hühnerkralle außen an der Wohnungstür, die tatsächlich verhinderte, dass bei mir eingebrochen wurde, während die Wohnungen über mir ausgeplündert wurden. Viele Einbrecher im süddeutschen Raum kommen aus Osteuropa. Die Menschen dort sprechen die gleiche magische Sprache wie ich – wir verstehen uns. Was die Großmütter der Einbrecher schon getan haben, tue auch ich. So ist das magische Mittel auch wirksam, weil es vertraut ist, weil Respekt davor besteht.

Der türkische Hausmeister, den wir jetzt haben, hat sich vor der Kralle so gegruselt, dass ich sie schließlich nach innen gehängt habe. Jetzt hängt sie also an der Türklinke der Wohnungstür im Flur, genauso wirksam und weniger bedrohlich für meinen Hausmeister. Interessant finde ich allerdings, warum es ihm vor der Kralle so graut. Er muss ja die Tür nicht berühren. Jedenfalls hat die Kralle die richtigen Signale gesetzt: Ich bin keine leichte Beute.

Die Kralle an meiner Tür stammt vom Land, wo ich vierzehn Jahre gewohnt habe. Jedes Jahr brüteten die Hühner Eier aus und meine Freundin und ich schlachteten die Hähne, die zu viel waren. Hinter der Kralle steckt also auch noch die Entschlossenheit zu handeln, wenn es nottut. Allerdings habe ich auch die Erfahrung gemacht, dass sogar die Zeichnung einer Kralle wirkt.

Knochen
Weil Knochen für uns Tod symbolisieren – nur in Tod und Verwesung werden Knochen sichtbar –, haben die meisten Menschen ein Gefühl von Grauen und Scheu vor Knochen. Sibirische Traditionen sprechen davon, »vom selben Knochen« zu sein. Der Knochen wird zur familiären Verbindung, was tatsächlich auch physiologisch richtig ist. Aus Knochenmaterial kann eine familiäre Verbindung abgeleitet werden. Knochen sind lebendiges, gut durchblutetes Material im lebendigen Körper. Einmal vom Fleisch getrennt, sind sie bleiche Erinnerung an die Grenze zwischen Leben und Tod. Im Schutzzauber spielen Knochen eine große Rolle. Sie wehren mit ihrer Energie Angreifer ab, sie schrecken zartbesaitete Eindringlinge ab und sie stellen eine Energie in den Raum, die man nicht ignorieren kann.
Baba Yaga, die wilde osteuropäische dreifache Göttin schützt ihr Haus mit einem Zaun aus Knochen, das Schloss am Gartentürchen ist ein kleines Fingerknöchelchen. Wer mag da freiwillig eintreten?
Dass Knochen durchaus starke Kräfte beherbergen, zeigt die Praxis der katholischen Kirche, die Gebeine von Heiligen aufzubewahren und in Reliquienverehrung den Gläubigen zu präsentieren. Auch der Buddhis-

mus kennt Knochenverehrung. So soll ein Fingerknochen des Buddha in Bodnath aufbewahrt und verehrt werden.

Ich habe mit Knochen eine besonders eindrucksvolle Erfahrung gemacht. In einem Flugzeug nach Nepal fand ich auf einem Sitz eine Knochenperle an einem Lederband. Obwohl das Flugzeug frisch gereinigt war, lag sie da und gehörte keinem der Passagiere. In einem Kloster erfuhr ich von einem Lama, einem Geistlichen, dass es »der Knochen eines lebenden Buddhas« war, der da zu einer Perle verarbeitet wurde. Ich wollte ihm die Perle übergeben, doch er meinte, das sei nicht so einfach. Wer sie habe, solle sie tragen. Sie komme zu denen, die sie tragen sollen. Sie hat mir interessante Erfahrungen beschert, mich jedoch auch immer vor dem Schlimmsten bewahrt (davon habe ich in »Die Magie des Ankommens« geschrieben).

Wer Knochen zum Schutz oder zum Schmuck verwendet, sollte wissen, von welchem Tier die Knochen sind, und herausfinden, ob das Tier gut mit der eigenen Person korrespondiert. Wenn man es nicht bestimmen kann, ist es gut, dem eigenen Gefühl zu folgen. Ist es angenehm, den Knochen am Bett zu haben? Fühlt er sich gut auf der Haut an? Mag man ihn in der Nähe haben oder fühlt er sich besser in einiger Entfernung an?

Vieles, was Schutzzauber angeht, wird durch das eigene Empfinden definiert. Wenn ich mich durch eine Substanz geschützt fühle, bin ich auf dem richtigen Weg, auch wenn andere anders empfinden.

Kaurimuscheln
Die kleinen Kaurimuscheln, die eigentlich genau genommen Schneckenhäuschen sind, werden vor allem in Afrika und Asien als Schutzgegenstände verarbeitet. Vor Tausenden von Jahren waren Kauris weltweite Währung und noch heute kann auf afrikanischen Märkten mit diesen kleinen Schneckenhäuschen bezahlt werden. Sie haben ihren hohen Wert behalten. Und sie haben ihre Eigenschaft als schützende Kraft bewahrt. Interessanterweise besteht die schützende Kraft in ihrer Darstellung des Weiblichen, der Vagina. Daraus können wir schließen, dass es eine Zeit gegeben hat, in der die Frauen ihre Kraft nicht zugunsten schwächerer Männer zurückgehalten haben, in der sie ihre Kraft lebten – zum Wohl der Gemeinschaften, die sich mit der weiblichen Kraft stärkten und schützten. Kauris sind auch heute eine schöne Erinnerung an die wahre weibliche Kraft. In Gürtel geflochten, Halsketten genäht, als Armbänder oder Anhänger an einem Band, aufgestickt auf Kleidung oder Decken bewahren sie vor Gefahr und helfen, die weibliche Kraft zum Schutz zu aktivieren.

Spiegel
Vor allem in Indien und China werden kleine Spiegelteilchen in Stoffe genäht, um den Blick von Dämonen und übermütigen Geistern zurückzuwerfen. Der Spiegel zeigt ihr bedrohliches Gesicht und erschreckt sie. Dahinter steckt auch die Erkenntnis, dass Wesen, die austeilen, selbst oft nichts einstecken können. Indem ein Blick oder

eine Energie zurückgeworfen wird, kommt sie beim Träger, bei der Trägerin nicht an. Vollkommener Schutz!

Sprüche
In vielen Kulturen besteht die Vorstellung, dass Gereimtes ohne Umwege in der Geisterwelt ankommt, vielleicht weil es verspielt ist, vielleicht weil gleiche Laute lockend und besänftigend wirken? Jedenfalls sollte ein guter Schutzspruch, ein Abwehrzauber möglichst gereimt werden, um zu wirken. Dabei kommt es nicht so sehr auf die elegante Sprache an, sondern eher darauf, dass alles enthalten ist, was für den Schutz wichtig ist.

Eins zwei drei,
setz mich frei,

ist eine unverblümte Aufforderung an die Geister, eine im Schreck erstarrte Person wieder zu lösen und widerstandsfähig zu machen.

Hexenbesen, Zauberkraut,
Wackersdorf wird nicht gebaut,

reimten wir und schrieben den Spruch auf einen Besen, den wir ins Baugelände warfen, wo heute eine Solaranlage steht.

Haut endlich ab, ihr Krankheitsgeister,
sonst banne ich euch mit Tapetenkleister,

rief eine Freundin, der ihre Krankheit langsam zu mühsam wurde. Mit Erfolg.

Liebe Holla, komm herbei,
genieße deinen weißen Brei,
schütze uns und steh uns bei!

So lockten wir Holla, die auch Percht oder Freya heißen kann, bei einem Halloweenfest. Mit der Reaktion hatten wir allerdings nicht gerechnet. Sturm kam auf und bis wir es ins Trockene schafften, waren wir alle nass bis auf die Knochen. Das Jahr aber wurde richtig gut.

Amulette und Talismane
Fromme Menschen verlassen sich am liebsten auf Devotionalien ihrer Religion. Sie tragen Herzchen mit dem Abbild der Maria oder der Heiligen, Bilder von Päpsten, von Mohammed, dem Propheten, ein Kreuz oder die Hand der Fatima. Hindus tragen vielleicht den Dreizack von Shiva oder ein Bild einer Göttin, eines Gottes. Buddhisten dagegen verlassen sich auf ein rotes gesegnetes Bändchen oder eine Rosenholzperlenkette. Spirituelle Menschen, die keiner Religion angehören, lieben eher Kristalle oder natürliche Materialien an Lederbändchen, Heilsteine aus esoterischen Devotionalienhandlungen oder Metallarmbänder, die die Energie auf welche Art auch immer wandeln sollen.
In magischen Traditionen werden Kräuter, Sprüche oder andere Substanzen in Stoff oder Leder genäht, mit Silber,

Perlen oder Gesticktem verziert, um den Hals, an der Hüfte oder am Arm getragen. Interessant ist, dass sowohl die Kirche sowie der Buddhismus und der Islam diese magischen Traditionen in die eigene Religion übernommen haben. Sogenannte »Breverl«, also Kurzbreviere, Gebete, Heilssprüche werden bis heute katholischen Kindern, in Stoff eingenäht, zum Schutz umgehängt oder ans Bett gelegt. Im Buddhismus gibt es Amulette, die zum Beispiel das Kalachakra-Mandala enthalten, dieses komplexe Universum von Leben, Tod und Wiederkehr. Im Islam haben sogenannte Grigris die magische Tradition aufgenommen. Von islamischen heiligen Männern, den Marabouts, werden Kräuter und Sprüche in Leder genäht und mit Bändern versehen und den Gläubigen zum Schutz und zur spirituellen Stärkung verkauft.

So stark ist das Vertrauen der Menschen in alte magische Traditionen, dass die Weltreligionen kapituliert haben, um wenigstens am »Aberglauben« mitzuverdienen. Der neue Papst Benedikt XVI. bringt eine neue Dimension des Fetischismus in die Kirche ein. Die Menschen trinken Papstbier, essen Papstwürste und süße Bischofsmützen, kaufen ein Auto, das er einmal gefahren hat, und berühren seinen Taufstein.

Die Grundlage der Schutzamulette ist einerseits der Glaube, dass es hilft, und damit die Verstärkung der eigenen Kraft, andererseits gibt es durchaus eine energetische Verbindung zu dem Material, das verwendet wird, weshalb es auch wichtig ist, nur das zu verwenden, mit dem man sich auch verbinden will.

Knochen, Krallen, Fell, Haut, Haar – also körperliche Materialien müssen dabei sorgfältig gewählt werden. Wer wollte sich mit der Energie von Jagd, Qual, Tod verbinden? Auch geschliffene Steine sind nicht unproblematisch, weil sie ja aus der Erde gebrochen und dann bearbeitet werden. Eingenähtes bietet sich an, denn Stoff, Kräuter, Sprüche, Sand, Muscheln, Erde können die eigene Kraft verstärken, ohne neue Probleme mitzubringen.

Wer allerdings mit der eigenen wilden Kraft vertraut ist, wer weiß, dass Leben ohne Tod und Tod ohne Leben undenkbar ist, wer die Grenze bereist hat und die Öffnung zwischen den Ebenen kennt, kann Amulette mit allen Substanzen vertragen. Dann ist der Knochen eben nicht mehr gruselig, sondern natürliche Substanz, der Zahn, das Horn, die Kralle Teil der natürlichen Welt. Nur wer sich davor nicht mehr gruselt, braucht vielleicht auch gar kein Amulett mehr ...

Ich habe eine große Sammlung von Amuletten, Fetischen und Zaubersubstanzen aus aller Welt, denn wohin ich auch reise – stets treffe ich auf Zauberinnen, Schamanen, Einsiedler, weise Frauen, mit denen ich mich austausche und die mir Amulette, Zauberdinge und Talismane geben. Sogar aus New York habe ich ein Amulett, gefertigt von einem afrikanischen Einwanderer aus Altmetall und Lack, das er mir zu Beginn meiner Visionssuche auf dem Broadway verkaufte.

Mit einem Amulett der Naga in Nordindien machte ich einmal eine interessante Erfahrung. Das Amulett besteht aus roten Glasperlen und einem Bronzegesicht und ist ein Kopfjägeramulett, das vor körperlichen Angriffen und Gefahren schützen soll. Es ist außerdem sehr dekorativ und ich trug es einmal, um zu einer Party zu gehen. Ich wollte bei Grün die Straße überqueren. Wie von einer unsichtbaren Hand gerissen, verlor ich das Gleichgewicht und fiel auf den Rücken. Ein Auto fuhr gerade noch bei Rot durch. Wäre ich weitergegangen, wäre ich überfahren worden.

Auch mit einem Grigri-Gürtel aus Senegal hatte ich ein wundersames Erlebnis. Ich trug ihn um die Taille. Er soll unverwundbar machen. Auf dem Marienplatzuntergeschoss, wo ich ausstieg, gerieten zwei Männer in Streit. Einer schlug seine Bierflasche kaputt und ging mit dem scharfen Flaschenhals auf den anderen los. Er strauchelte und fiel in meine Richtung, ich schützte mich mit der Hand und die Flaschenscherbe landete in meiner Handfläche. Wir gingen beide zu Boden. Obwohl die Scherbe messerscharf war, hatte ich keine Verletzung in der Hand.

Schutzamulette herstellen

Am besten verwendet man dafür einen Stoff oder ein Stück Leder oder Fell, das eine gute Erinnerung oder eine gute Energie enthält. Es wird zu einer Art Beutel genäht. Der Beutel wird mit Kräutern gefüllt. Artemisia für Eigenmacht, Salbei für den Kontakt zu den Ahninnen und Ahnen, Wacholder für guten Kontakt zu den Geistern, das können auch zerriebene Wacholderbeeren sein. Schließlich sollte das Amulett ja nicht zu dick werden und sich unter Hemd oder Pullover zu stark ausbeulen. Eventuell könnte auch noch ein kleiner Kristall für die Klarheit des Geistes oder Bernstein für Heilkraft in den Beutel eingenäht werden. Das Amulett wird an allen Seiten fest zugenäht. Außen könnte noch ein Symbol oder Muster eingestickt oder aufgenäht werden. Getragen wird es dann mit einem Band, das durch einen – oder zwei, je nach Form des Amuletts – aufgenähten Ring gezogen wird.

Verliert man ein Amulett, lässt man es auch innerlich sofort vollständig los und trauert ihm nicht nach. Es sucht sich neue Träger und selbst wird man auch wieder ein neues Amulett finden, herstellen oder geschenkt bekommen.

Schwelle, Tür, Übergang

Als besonders schützenswert gelten Eingänge und Übergänge, weil sich gerade dort hungrige Geister und Menschen aufhalten, die hoffen, im Vorübergehen schnelle Beute zu machen. Reist man in ein Land und fühlt sich fremd, wird man oft gleich in den ersten Stunden in der Fremde bestohlen, betrogen, in die Irre geführt. Auch der Übergang von einem Lebensalter in ein anderes geht mit Unsicherheiten und Irritation, manchmal auch mit Schmerz einher, weshalb Stammeskulturen gerade diese Übergänge magisch verstärkten, um die betreffende Person zu schützen.

Aus einem magischen Ritual ins Erwachsenenleben wurde so – entstellt und verbogen – die Beschneidung von Kindern. Aus Riten des Mannseins wurden Saufgelage und Autojagden, die eher in den Tod als ins Leben führen. Wo keine Rituale mehr sind, werden Phantomrituale an ihre Stelle gesetzt, die dann allerdings keine Heil- oder Begleitfunktion mehr haben, sondern nur noch das Vehikel scheinbarer Werte sind. Ein richtiger Mann hält einen Vollrausch aus, ein richtiger Mann geht mal ins Bordell, Frausein heißt, von einem Mann geöffnet zu werden, usw.

Rituale, die die eigene Kraft verstärken, zeichnen sich dadurch aus, dass sie diese Kraft rufen, beschreiben, rituell zelebrieren und die entsprechende Person oder die Personen feiern. Freude, Lust, Glück zeichnen diese Rituale aus. Beschützt gehen die Gefeierten, aber auch die begleitenden Personen daraus hervor, nicht irritiert, geschwächt, verunsichert. Schutz entsteht durch Bestätigung der Kraft, die schon da ist und die verstärkt wird, aber niemals durch »Brechen« einer Person. Mag sein, dass es gut ist, mit der Wildnis vertraut zu werden, aber es braucht den richtigen Zeitpunkt und der ist, wenn ein Mensch fühlt: Jetzt stelle ich mich dieser Erfahrung. In den Schrecken einer Nacht hineingeworfen zu werden, bedeutet, dass man vielleicht nie mehr die Erfahrung der Geborgenheit, der Wärme, der Vertrautheit einer dunklen Nacht machen kann, weil die Angst zu groß ist, oder jedenfalls, dass es lange dauert, bis diese Angst abgebaut ist.

So gilt für jede magische Handlung, für jede Initiation, für den Schutz von Tür, Schwelle, Fenster oder Person: So wie die zu schützende Person es will, so wird es gemacht.

Natürlich gehen magische Rituale über das hinaus, was sich die meisten Menschen selbst ausdenken können. Dann ist es wichtig, da mitzumachen, wo es Freude macht, und auszusteigen, wenn das Gefühl sagt: Bis hierher und nicht weiter.

Den Schutz der Schwelle erledigt am besten die eigene Spucke. In vielen Jahren Forschung über Magie und Rituale habe ich gelernt, die eigenen Körpersubstanzen als mächtige Kraft zu respektieren. Spucke ich auf meine Schwelle, kommt niemand durch, den ich nicht haben will. Aber auch Menschen, die ich einlassen muss (Hausverwalter, Kaminkehrer, Handwerker) und nicht unbedingt täglich einladen würde, werden davon positiv berührt. Sie werden mir geneigt.

Im amerikanischen Süden hält man viel auf zerriebene Ziegel, sie enthalten die Kraft der Erde, des Feuers und der Luft und können dadurch magischen Schutz bewirken.

Unschlagbar ist in meiner magischen Erfahrung auch das Neunholz oder Neunkraut. Neun verschiedene Hölzer oder Kräuter werden zu einem Bündel gebunden und über die Tür gehängt, innen oder außen, sichtbar oder unauffällig. Gewählt werden die Kräuterarten oder Baumsorten, die man selbst sehr gern hat. Günstig ist auf jeden Fall, bei einem Neunholz Eiche für Kraft, Holunder für die Göttin, Buche für die magische Kraft mit einzubinden. Bei Kräutern sollten auf jeden Fall Salbei für die Verbindung zu den AhnInnen, Rosmarin für die Vertreibung von Krankheitskeimen, Artemisia für die Eigenmacht und Minze für die gute frische Luft nicht fehlen.

Die Hühnerkralle wird, wie vorher beschrieben, am besten innen an der Tür aufgehängt, um Konflikte mit Nachbarn oder BesucherInnen zu vermeiden. Sie schützt auch auf Reisen. Allein das Herausholen der Kralle vertreibt potenzielle Angreifer. In den Zeiten der sogenannten Vogelgrippe war die Hühnerkralle gefürchtet wie die Pest, als könne sie Krankheit und Tod verbreiten. Aber sie hat mich auch vor der Manipulation der Medien bewahrt, weil sie mir diese entlarvt hat: Zuerst brannten die Rinderberge (um die Fleischpreise auf den Boden zu holen?), dann wurden lebende Vögel mit Kalk bestreut und vergraben (um den asiatischen Geflügelmarkt einzudämmen?). Als die Fußball-WM begann, war von der Vogelgrippe, von SARS und anderen Seuchen plötzlich keine Rede mehr, obwohl doch nun Menschen aus aller Welt zusammenkamen und das Infektionsrisiko hoch gewesen sein müsste ... Die Hühnerkralle ist mir Symbol dafür, dass mit dem Schrecken der Menschen viel Geld verdient, ihre Angst immer für neue, schärfere Gesetze benutzt wird.

Mehlkreis
Um ein Haus, einen Ort oder auch sich selbst, einen Ritualkreis oder einen Schlafplatz zu schützen, kann ein Mehlkreis ausgestreut werden. Mehl wird aus Getreide gemacht, einer Frucht der Erde. Mehl ist mit der Kraft von Demeter, der Vegetationsgöttin aufgeladen, ihre Macht ist so groß, dass sie alles blühen und alles verdorren lassen kann. Der Wind liebt Mehl. Wer den Wind füttern will, sollte das mit Mehl tun, weil der Wind gern mit Mehl spielt.
Ein Schutzkreis aus Mehl wird am besten mit Weißmehl gezogen, es leuchtet sogar aus dem Gras hervor, auf nassem Asphalt kann es wie Leuchtfarbe schimmern. Der

Kreis wird einmal um sich selbst, den Ort oder das Objekt gestreut. Dabei können schöne, wohltuende, glückliche Kräfte gerufen werden, die den Schutzkreis verstärken. In Afrika gilt Weiß als Farbe der Geister, der Wesen aus anderen Ebenen. Wer sich selbst mit Mehl bestäubt, macht sich für die Geister sichtbar.

Übergang
Wer vor einem neuen, vielleicht beängstigenden Lebensabschnitt steht, wurde in Stammestraditionen besonders geschützt und gestärkt. Einen Teil dieser Riten haben die großen Religionen übernommen: Kommunion und Konfirmation für Kinder, Hochzeitsrituale, Letzte Ölung, Totenfeiern. Was dabei zu kurz kommt, ist die eigene Beteiligung, die eigene Aktivität im Übergangsritual.
Magische und schamanische Kulturen verlassen sich nicht nur auf den Schutz von außen, sie stärken auch die eigene aktive Kraft, die ja gerade in Krisenzeiten oder bei tiefgreifenden Lebensveränderungen das Wichtigste ist. Mit dieser Verstärkung der eigenen Kraft könnte nicht passieren, was einer Frau zugestoßen ist. Sie heiratete einen Nigerianer, die Ehe ging nicht gut und sie wollte sich trennen. Er wollte jedoch mit ihr zusammenbleiben und fing an, sie mit magischen Mitteln zu traktieren. Offenbar war sie nicht von der Art jener Frau, die im Senegal lebt und zum Zauberer sagte: »An mir kannst du dir den Mund fransig und die Finger wund zaubern, ich glaube nicht daran, also hast du keine Macht über

mich.« Diese Frau jedoch fiel in einen paranoiden Zustand. Die Tiere und Geister, die der Mann zu ihrem Schrecken heraufbeschwören ließ, sah sie nun wirklich in der Wohnung, überall fühlte sie sich verfolgt. Sie fand einen toten Vogel und ein verwesendes Bündel in ihrem Kleiderschrank.

Hier fehlte:

- ein Ritual der Trennung, das alles das aufhebt, was bei der Hochzeit geknüpft wurde (die westliche Kultur hat hier einiges nachzuholen. Die Scheidung müsste so billig werden wie die Hochzeit, das Ritual der Scheidung so feierlich wie das Hochzeitsfest, damit Trennungen heilsam verlaufen können);
- die Gewissheit, dass ein Fluch nur schadet, wenn man ihn innerlich annimmt;
- ruhiges und diszipliniertes Auflösen von Gemeinsamkeiten;
- heitere Gelassenheit (die ja gerade in Partnerschaften so schwer zu erreichen ist, weil man durch den intimen und engen Kontakt immer wieder an den alten Wunden rührt).

Schutz vor ehemaligen PartnerInnen, vor GegnerInnen erreicht man nicht allein durch schützende Rituale und Amulette, sondern durch eine innere Klarheit: Inwieweit bin ich an dem Konflikt beteiligt, wo schüre ich ihn, wo löse ich ihn aus, wo errege ich immer wieder Schmerz. Wie kann ich das alles auflösen?

Je klarer und gelassener die innere Haltung, desto weniger Macht haben andere. Diese Klarheit kann durchaus mit einem Symbol verstärkt werden, mit einem Kristall oder einem Tuch in der Farbe, die als schützend empfunden wird.

Übergangsrituale in die Pubertät
Solche Rituale sollten nur auf ausdrücklichen Wunsch des betreffenden Mädchens oder des Jungen gemacht werden. Kinder, die unter den religiösen Ritualen leiden, finden ein Fest der ersten Menstruation oder ein Fest des Mannseins vielleicht eher bedrückend oder peinlich. Rituale, die Mütter sich für Söhne ausdenken, können problematisch sein. Der Sohn wird niemals zur Frau, weshalb der Einfluss der Mutter irgendwann nicht mehr erwünscht ist. Doch Mütter hängen oft an ihren Söhnen mehr als an den Töchtern, die sich irgendwann freitreten, den Müttern wehtun mit unbequemen Wahrheiten und ihren Übergang durchziehen. Söhne sind entgegen der allgemeinen Weisheit, Männer seien das starke Geschlecht, oft labil, weich, unsicher, verletzlich. Söhne brauchen endlich Väter, die ihnen das Mannsein nahe bringen, die ihnen helfen, erwachsen zu werden, ihre eigene Kraft zu finden.

Was Rituale des Übergangs ins Erwachsenwerden enthalten können:

- ein Symbol des Weiblichen oder des Männlichen wird übergeben;
- ein Wettkampf oder ein Tanz findet statt;
- der Übergang wird mit guten Wünschen begleitet (Anwesende sprechen sie für die Mädchen oder Jungen aus);

- die Erwachsenen ziehen sich zurück und lassen die Jugendlichen ihr eigenes Fest feiern.

Ein Übergangsritual führt die Kinder in die eigene Verantwortung und die sollte von den Eltern respektiert werden.

Schützende Substanzen

Was hilft, hat Recht, sagt ein Spruch im Volksmund. Das gilt für schützende Substanzen und Essenzen auch. Ob homöopathische Mittel, ob Aurasoma oder Bachblüten, Heilwasser oder Steine – wer sich davon beschützt und bestärkt fühlt, sollte sich von wissenschaftlichen Erkenntnissen nicht irremachen lassen, die ja auch nur eine gewonnene Überzeugung darstellen.

Mein Erste-Hilfe-Mittel bei Schocks, Krämpfen, starken Kopfschmerzen: italienischer Espresso mit dem Saft einer halben Zitrone. Allerdings hilft hier auch ein Tee aus Mädesüßblüten, Brennnessel und Artemisia vulgaris (Beifuß, Vorsicht, nicht Ambrosia!): Mit fünf Fingern in die Kräuter greifen und jeweils eine kleine Menge herausholen, mit einem halben Liter kochendem Wasser aufgießen, fünf Minuten ziehen lassen, abseihen, lauwarm trinken.

Steine
Sie können als Handschmeichler, als verstärkende Kraft, als Talisman die eigene Energie aufbauen und stärken. Es gibt zwar Bücher, die beschreiben, welcher Stein wo-

für gut ist, aber ich gehe dabei eher nach Sympathie, ganz im Sinn des alten Sympathiezaubers im Alpenraum: Gleiches hilft Gleichem. Das, was mir sympathisch ist, verstärkt mich. Steine, Kräuter oder andere Helferwesen wirken nicht bei allen Menschen gleich. Mag der Amethyst herzstärkend, Bernstein gut für den Kreislauf und den Seelenfrieden, der Kristall erweckend und erhellend, Koralle gut für das Blut sein – die einzig wirklich gute Möglichkeit, herauszufinden, wie ein Stein wirkt, ist, sich mit ihm näher zu befassen, ihn zu berühren, am Körper zu tragen und zu spüren, welche Energie überspringt.

Wasser
Wasser ist die Substanz, die den größten Teil unseres Körpers ausmacht. Wasser bringt uns ins Fließen, und viele Probleme im Körper entstehen gerade, weil wir nicht fließen, weil wir zu wenig trinken, weil wir zu viel festhalten, anstatt es durchlaufen zu lassen wie Wasser – oben rein, unten raus. Die alte Kneipp-Regel finde ich am besten: Jede Stunde ein Glas Wasser trinken und ab und zu im kalten Wasser waten. Das stärkt die Abwehrkraft des Körpers und macht auch die Seele robust.

Tee
Er ist nicht nur wohltuend fürs Immunsystem – grüner Tee beugt vermutlich dem Krebs vor und schwarzer Tee greift Bakterien an und hält den Organismus fit –, auch

der Vorgang des Teekochens und Teetrinkens stärkt und baut auf. Abwarten und Tee trinken – nichts überstürzen, nicht gleich handeln, die Ruhe bewahren ist in den meisten Fällen die beste Problemlösung.

Lehm
Lehm ist in unserer durchzivilisierten mitteleuropäischen Realität schon eine Seltenheit geworden. Die Singvogelpopulationen gehen am mangelnden Lehm und Dreck zugrunde. Doch auch für den menschlichen Körper ist der Verlust von Lehm, Erde, Dreck ein echtes Problem. Noch denken viele ordentliche Menschen, Dreck sei das Problem. Das Gegenteil ist der Fall. Der Körper braucht die Berührung mit Erde, mit der Mutter, die uns nährt. Sich mit Lehm an einem Fluss oder See am ganzen Körper einzureiben und den dann abzuwaschen ist eine wunderbare Kur für die Körperabwehr, macht Spaß und stärkt das Gefühl für den eigenen Körper, die eigene Haut. Heilerde bringt nur einen Abglanz der wilden Kraft, die Lehm und Erde in sich tragen.

Feuer
Feuer machen ist leider aus »ökologischen« Gründen fast überall verboten. Dabei stellen Bomben und Brände in den diversen Kriegen ein viel größeres ökologisches Problem dar. Ein Ritualfeuer baut auf und stärkt. Wünsche können darin verbrannt werden und mit trockenen Kräutern ist der Duft eine wirkliche Freude.

Hirsebrei
Hirse ist die alte Nahrung der Göttin und sollte gelegentlich schon deshalb gegessen werden, weil Hirse besonders viel Kieselsäure enthält, die das Hirn und die Zellen aufbaut und stärkt. Hirse ist Kraftnahrung und macht stark.

Spucke
Während es Frauen als obszön und unanständig seit Jahrhunderten verboten ist, spucken Männer wirklich überall hin. Das hat einen Grund. Spucke ist eine Reviermarkierung, ist als körperliche Substanz die Überträgerin des eigenen Willens, genau wie übrigens das Menstruationsblut. In vielen Kulturen gilt es als ganz schlechtes Zeichen, wenn einem jemand auf die Schuhe oder gar auf die Füße oder ins Gesicht spuckt. Das ist nicht nur eine Beleidigung – Spucke kann, weil sie aus der Tiefe der anderen Person kommt, verletzen und mit Inhalten belasten, die diese Person übertragen will. Da hilft nur eins: Schulter zucken, abwaschen, drüber lachen.
Spucke ist mächtige Zaubersubstanz. Früher haben alte Frauen noch gelegentlich auf Menschen gespuckt, die sie verachteten. Das war eine gefürchtete Maßnahme. Und so hieß es in meiner Kindheit: Drei Meter vom Leib oder i speib (oder ich spucke). Ein wirksamer Zauberspruch! Nicht nur den Spruch habe ich wiederentdeckt – auch die Wirkung meiner Spucke. Die ersetzt bei Angriffen gern einmal eine Waffe. Meine Spucke ist ein Hilfsmittel meiner Macht, das ich immer bei mir habe.

Stimme
Die Stimme wird vom Mittel zur Substanz, wenn sie etwas trägt. Schrille Triller zum Beispiel oder unflätige Beschimpfungen, süße Verführung oder gurrende Verlockung. Der Stimme mächtig zu sein ist vielleicht der wichtigste Lernprozess im Leben. Wir kennen alle die bedauernswerten Babys, die durch höllisches Geschrei ihre Mütter nicht geneigter machen, ihnen zu helfen, sondern eher noch Abwehrreaktionen auslösen. Auch die verzweifelt bellenden Hunde vor Supermärkten lehren uns, dass bloßes Geschrei, Gebell oder der pure Ausdruck von Verzweiflung leider oft das Gegenteil von Hilfe und Aufmerksamkeit bringt. Die Märchen der Sheherazade dagegen, kunstvoll vorgetragen, mit wohlklingender Stimme, nehme ich an, konnten das Leben der jungen Frau retten. Um so vorzugehen, braucht eine alles, was in diesem Buch schon beschrieben wurde: Vertrauen in die eigene Kraft, Kenntnis der eigenen Mittel und Möglichkeiten, Helferwesen, Mutterwitz, Urvertrauen und schnelle Reaktion. Der Sprache und der Stimme mächtig sein ist hohe Kunst (wie auch beschrieben in »Wortwechsel«). Kennen wir das nicht alle, je bedrohlicher die Situation ist, je mehr Angst wir vor einer Situation, einem Menschen haben, umso höher wird die Stimme. Ich habe das in der Kindheit schon durch die Anwesenheit eines Kieselsteins im Mund gelöst. Der produziert Spucke und hält die Stimme auf dem natürlichen Niveau.
Stimme einsetzen will geübt werden. Wer ein Leben lang gehört hat: »Mädchen soll man sehen, nicht hören! Es

ist nicht nett, wenn du so schreist! Sei nicht so ordinär und erhebe deine Stimme nicht so laut!«, hat vielleicht ein Problem damit, im vollen Klang der Stimme zu surfen. Klangübungen, Singübungen, die Stimme erheben und wieder senken, sie schrill anschwellen lassen und zurücknehmen, von oben nach unten und von unten nach oben trällern – all das kann geübt werden.

Macht über die Stimme ist Macht über die eigene Kraft.

Spirituelle Erste Hilfe

Einer Person im Schock muss zuallererst spirituell geholfen werden.

■ Bei Unfällen sterben mehr Menschen an Schock als an ihren Verletzungen, deshalb ist es wichtig, die Hand der verletzten Person zu halten oder, noch besser, die beiden Fußsohlen, denn dadurch wird ein warmer Strom von Energie ausgelöst und die verletzte Person bleibt in Kontakt mit dem ganzen Körper.

■ Der Atem ist der Lebensstrom, der im Schock versiegt. Spirituelle Erste Hilfe kann im gemeinsamen Atmen mit der verletzten Person ihren wichtigsten Ausdruck finden. Die Person, die hilft, atmet hörbar und bleibt dabei in Berührung mit der Person, die verletzt ist. Dabei kann ein sich weitender heller Raum visualisiert werden.

■ Sanft sprechen oder singen beruhigt die verletzte Person. Dabei ist es unwichtig, ob es ein besonders kluger Text oder ein passendes Lied ist. Allein die Stimme, die schwingt und die verletzte Person mitnimmt auf diese Ebene der beruhigenden Schwingung, ist von Bedeutung.

■ Wer verletzt ist und unter Schock steht, friert. Die verletzte Person muss gewärmt werden. Wenn sie nicht bewegt werden kann, sollte man wenigstens eine Jacke, Decke oder Wärmefolie über sie breiten, denn der Verlust der Körperwärme verschlechtert den Zustand der verletzten Person.

Nicht alle Menschen im Schock haben gerade einen Unfall erlitten. Manche Frauen haben aus der Kindheit einen Schockzustand mitgenommen, der sich nicht auflöst. Immer kalte Hände und kalte Füße zeigen, dass die Lebensenergie nicht frei fließen kann, dass sie behindert wird durch Angst, traumatische Erinnerung, Gewalt. So wie durch zerstörerische Einflüsse der Atem blockiert wurde, lässt sich ein Trauma auch über den Atem auflösen. Der Atem ist alles. Die Entscheidung für den eigenen Atem, den langen Atem, den freien Atem reißt die Barrieren ein. Der Atem kann zwar eine erlebte Gewalt nicht ungeschehen machen, doch weicht die Gewalterfahrung der Lust, die durch den Atem entsteht. Den eigenen Atem zu finden, heißt immer auch Übergriffe abzuwerfen. Durch den Atem werden die Anlegestellen für Erinnerung an erlittene Qualen frei.

Hand und Fuß
Manchmal ist alles ganz einfach. Zugegeben, man kann's auch kompliziert machen. Obwohl uns zwei Hände angewachsen sind, glauben wir, dass zwei Hände, die anderen Menschen angewachsen sind, wesentlich virtuoser Krankheiten, Verspannungen, Krämpfe auflösen können und uns heilen können. Das kann auch sinnvoll sein, zumal es ja am Körper Stellen gibt, die mit eigenen

Händen nur schwer zu erreichen sind. Doch der Grund, warum wir uns nicht öfter selbst be-hand-eln, ist ein anderer. Selbstzweifel vielleicht. Mangelnde Selbstliebe. Mangelndes Selbstvertrauen. Dabei gibt es absolut nichts Besseres bei Bauchschmerzen, Magenkrämpfen, Knieschmerzen oder Krämpfen im unteren Rücken, als die eigenen Hände aufzulegen. Man muss nicht kneten, drücken, reißen, es reicht, einfach die Hände aufzulegen, vielleicht sanfte kreisende Bewegungen auf der Haut zu machen. Doch eigentlich reicht die Anwesenheit der Hand auf der Stelle des Körpers, an der es ein Problem gibt. Die Wärme der Hand strömt in den Körper ein.
Wenn die Hand nicht warm ist oder beide Hände energetisiert werden sollen, können die Hände aneinander so lange gerieben werden, bis sie Energie abstrahlen. Mit solchen energetisierten Händen kann man Ohren, Augen, den Kopf, die Schultern, den unteren Rücken, den Bauch, die Knie bestrahlen. Energetisierte Hände können noch mehr. Sie können Angreifer abwehren, Grenzen setzen. Eine einfache Handbewegung genügt meistens.
Um ein gutes Verhältnis zu den eigenen Händen zu entwickeln, ist es gut, sie immer wieder zu energetisieren, die Finger zu kneten und die Seiten der Finger von der Wurzel zur Spitze abzustreifen, was die Energieströme ins Fließen bringt. Sind die Hände wach, haben sie eine erstaunliche Wirkung auf das Hirn. Sie bringen Entschlossenheit, Lebenslust, Unternehmungslust. Jetzt kann man sich auch mal von anderen berühren lassen, den

Partner oder die Partnerin bitten, die Hände da aufzulegen, wo es gut tut.

Auch die Füße haben eine wichtige Funktion für den Schutz. Sie bringen den Stand, den Widerstand, das Durchstehen, das Standhalten. Wie stehen wir in der Welt? Die meisten Menschen rutschen in die Standbein-Spielbein-Haltung, sobald sie länger stehen. Das heißt, ein Fuß steht fest am Boden, der zweite ist angezogen, angewinkelt, unbelastet. Gut im Leben stehen braucht jedoch den Kontakt beider Fußsohlen mit dem Boden. So kann die Energie der Erde in den Körper strömen und Kraft aufbauen. Sich mit dieser Energie zu verbinden erhöht die Fähigkeit, sich zu schützen und standzuhalten, beträchtlich. Wer Lust und keine Probleme mit den Beinen hat, kann springen. In die eigene Kraft springen macht Spaß und bringt erstaunlich viel Energie. Doch muss nicht springen, wer Angst hat, sich zu verletzen. Auch Gehen bringt uns der Kraft der Füße und der Erdung näher.

Und schließlich schadet auch etwas Rückgrat nicht. Nicht im Ruhezustand bauen wir es auf, sondern in der Bewegung, im spielerischen Kräftemessen, im närrischen Herumtollen. Gelobt sei, was hart macht? Das Harte bricht leichter. Deshalb ist besser, was uns geschmeidig in der eigenen Kraft ankommen lässt.

Der Sog

Ich sitze am Rand eines Kraters, dessen Boden ich nicht sehen kann. Es war ein langer Weg bis hierher. Meine beste Freundin ist gestorben. Ich konnte ihr nicht helfen zu leben, konnte ihre Krankheit nicht lindern oder gar heilen, konnte ihren Lebenswillen nicht stärken. Alles, was ich tun konnte, war, zu ihren Bedingungen bei ihr zu sein, sie zu begleiten, mit ihr zu sprechen und all ihre Wünsche zu erfüllen. Wie eine Gralsritterin kämpfte ich gegen eine Ärztin und den Leiter einer Klinik, um sie da herauszuholen, weil sie es wollte. Ich massierte ihr die Füße und erzählte ihr Geschichten, die sie hören wollte. Ich hielt sie in meinen Armen und schaukelte sie mithilfe einer Schwester. Ich nahm ihr die Armbanduhr ab und sie starb.

Starr vor Kummer und Wut fuhr ich an einen kleinen See und stieg in das eiskalte Wasser. Ich trieb zwischen Seerosen unter einem eisigen sternklaren Himmel. Die Kälte sprang mich an. Du bist nicht die Welterlöserin. Du kannst dir nicht anmaßen zu helfen, wo deine Hilfe nicht gefragt ist. Was bildest du dir ein? Was du nicht ändern kannst, musst du akzeptieren.

Aber was kann ich dann überhaupt tun? Ich konnte meiner Freundin nicht in ihren Konflikten helfen, ich konnte sie nicht schützen. Schütz dich selbst ...
Ein Sog geht von diesem Krater aus. In diesem Wirbel treiben Kriege, weinende Frauen, Soldaten, Bomben, hungernde Kinder, rennende Mütter, verzweifelte Väter vorbei. Frauen, denen Gewalt angetan wurde, Männer, die alles verloren, Kinder, die verlassen wurden und verhungerten. Ich werde von diesem Sog des Leids und der Tränen erfasst und in die Tiefe gewirbelt.
Wenn du ganz unten bist, sagt der zornige Wind, dann musst du dich abstoßen und durch die Mitte wieder nach oben springen.
Wenn du genug geweint hast, sagt das erregte Wasser, musst du die Tränen trocknen und die Wasser in deinem Körper wieder stark fließen lassen, verliere keinen Tropfen der kostbaren Flüssigkeit!
Wenn du begriffen hast, dass du lebst und für dein Leben verantwortlich bist, sagt die grollende Erde, dann stell dich auf deine Füße und komm in deinem Körper an.
Wenn du leben willst, sagte das auflodernde Feuer, dann lass den Funken deines Lebensfeuers hoch aufflammen und verbreite Wärme.
Ich rief meine Verbündeten. Schon standen sie hinter mir. Ich sammelte meine Knochen ein und fing an, mit ihnen ein neues Lied des Lebens zu rasseln. Ich sang mein Herz neu und alle meine Organe, ließ mein Blut aufbrausen, ließ die Düfte aufsteigen und die Haare zu

Berge stehen. Ich schmeckte den lebendigen Erdgeschmack und entzündete ein Feuer, in dem Wut, Rache, Enttäuschung, Verzweiflung und Schmerz zu Asche verbrannten und Nahrung für neue Gefühle wurden.
Ich saß und wartete.
Der Sog fiel und mit ihm fiel alles in unendliche Tiefen. Ich saß da und tat nichts. Ich half nicht, ich engagierte mich nicht, ich regte mich nicht auf, ich weinte nicht, ich schrie nicht. Ich ließ einfach alles aufsteigen, betrachtete jedes Gefühl, jede Regung und ließ sie wieder los. Den Worten, die mein Hirn bevölkerten, sah ich leidenschaftslos zu, wie sie sich formten und wieder auflösten.
Den Bildern, die in greller Vielfalt aufleuchteten und verglühten, setzte ich nichts entgegen, ich nährte sie nicht mit meiner Energie, ich gab ihnen keine Nahrung. Sie verschwanden.
Schließlich war da Stille. Dunkelheit und Stille.

Ich atme aus.
Ich atme ein.

Abwehrzauber

In allen vier Ecken,
soll wilde Kraft stecken,
ein lustiges Lachen,
ein Bersten und Krachen,
Sturmwind und Feuer,
das alles erneuert,
Heilwasser und Luft,
betörender Duft.
In allen vier Ecken,
will ich mich verstecken,
Gefahr zieh vorbei,
und ich bleibe frei.

Anrufung

Gute Geister, Helferwesen,
ich rufe euch mit meinem Besen.
Hirse, Rosmarin, Holunder,
Steine aus des Baches Grunde,
gebt mir Kraft und Mutterwitz,
kommt mit Wind und grellem Blitz,
steht in der Gefahr zu mir.
Unterstütz' mich, Helfertier,
Spinnerin des Lebensfadens,
wende von mir ab den Schaden,
lass im Tau die Sonne glänzen,
leite mich an meine Grenzen,
in das Kleid aus Glück und Traum,
webe meinen Lebensraum.

Schau hin.
Nimm wahr.
Denke nach.
Handle.
Bleibe dir selbst treu.